CONTENIDOS

Prólogo
v

Sección I
1

Sección II
65

Sección III
[Fragmentos]
141

PRÓLOGO

Tutto L'Universo Obbedisce All'Amore
Franco Battiato

El estoicismo, surgido en la Grecia clásica bajo la guía de Zenón de Citio y perfeccionado por figuras como Epicteto, Séneca y Marco Aurelio en Roma, ha sido una filosofía profundamente influyente a lo largo de los siglos. Su enfoque práctico, centrado en la fortaleza interior, la sabiduría y el equilibrio, ha servido como brújula para quienes buscan encontrar propósito y serenidad frente a las adversidades de la vida.

Entre los más grandes exponentes de esta tradición, Epicteto ocupa un lugar especial. Nacido en Hierápolis (actual Turquía) alrededor del año 55 d. C., su vida estuvo marcada por la adversidad. Pasó gran parte de su juventud como esclavo al servicio de Epafrodito, un influyente funcionario en la corte del emperador Nerón. Durante este periodo, se dice que sufrió una lesión grave que lo dejó cojo de por vida. Sin embargo, lejos de permitir que estas circunstancias lo definieran, transformó sus desafíos en una oportunidad para explorar profundamente la naturaleza humana.

Tras obtener su libertad, Epicteto se consagró a la enseñanza filosófica. Sus lecciones, en lugar de ser meras teorías abstractas y distantes, eran prácticas y profundamente humanas. Se basaban en su firme convicción de que la auténtica libertad no depende de circunstancias externas, sino del dominio de nuestras emociones y de nuestra vida interior. Esta perspectiva lo llevó a desarrollar una de las ideas más influyentes del estoicismo: lo esencial no está en lo que nos sucede, sino en cómo elegimos interpretarlo y responder a ello. Sus enseñanzas tuvieron un impacto profundo en sus discípulos y continuaron iluminando a las generaciones posteriores. La sabiduría de Epicteto es una guía valiosa para enfrentar las adversidades con dignidad y nos revela el poder transformador de la filosofía en nuestras vidas.

Aunque Epicteto no dejó escritos propios, su legado ha perdurado gracias a su discípulo Arriano, un historiador, militar y filósofo que transcribió las enseñanzas de su maestro en dos obras fundamentales: *Discursos* y *Manual* (*Enquiridión*). Los *Discursos* recogen una serie de conversaciones filosóficas que capturan la esencia del pensamiento de Epicteto, llenas de ejemplos prácticos y reflexiones profundas

EL CAMINO ESTOICO

Epicteto

REM
CLASSICS

El camino estoico

Loreto 13-15, Local B. 08029 Barcelona – España
revertemanagement.com

2ª impresión: julio 2025

Edición en papel
ISBN: 978-84-10121-21-8

Edición en ebook
ISBN: 978-84-291-9868-3 (ePub)
ISBN: 978-84-291-9869-0 (PDF)

Editores: Ariela Rodríguez / Ramón Reverté
Coordinación editorial y maquetación: Patricia Reverté
Diseño cubierta: Feriche Black

Impreso en España – *Printed in Spain*
Depósito legal: B 4065-2025
Impresión y encuadernación: Liberdúplex
Barcelona – España

#134

MIXTO
Papel | Apoyando la silvicultura responsable
FSC® C109440

que buscan orientar al lector hacia una vida más sabia y virtuosa. Por otro lado, el Manual es una síntesis breve pero incisiva de los principios esenciales del estoicismo, concebida como una guía práctica para afrontar la vida cotidiana.

Casi dos mil años después de que Epicteto impartiera sus enseñanzas en su escuela de Nicópolis, sus palabras resuenan hoy con más fuerza que nunca. En un mundo definido por la incertidumbre, las crisis globales y la constante presión de las redes sociales, nunca antes habíamos estado tan desconectados de nosotros mismos. En este contexto, sus enseñanzas nos invitan a regresar a lo esencial, a reencontrar nuestra serenidad interior y hallar paz incluso en medio del caos.

En la sociedad actual, donde la cultura del positivismo, del «éxito personal» y la autorrealización a menudo derivan en actitudes egocéntricas y narcisistas, resulta fundamental recordar que el estoicismo no promueve el individualismo ni el aislamiento. Aunque se trata de una filosofía que resalta la importancia de la introspección y el autocontrol, no pretende cerrar los ojos al mundo, sino abrirlos hacia dentro, sosteniendo que el ser humano es una parte integral de un todo mayor. Para Epicteto, vivir conforme a la naturaleza no solo implica reconocer y cultivar nuestras virtudes internas, sino también actuar con justicia y responsabilidad hacia los demás. En el pensamiento estoico, la verdadera virtud no es un esfuerzo aislado, sino que se manifiesta en nuestras relaciones y en el compromiso con el bienestar común, guiados por la empatía y la comprensión mutua.

Epicteto empleaba términos como «Dios» o «los dioses» en un sentido filosófico, no teológico, para aludir a un principio universal que organiza y rige el cosmos. Para los estoicos, este principio racional, conocido como logos, impregna toda la realidad, y vivir en armonía con él significa vivir en armonía con la naturaleza. Epicteto nos recuerda que todos los seres humanos, como parte de este universo ordenado, compartimos una chispa de esa «razón divina», una idea que fundamenta su ética y nos guía a vivir en consonancia con lo que es justo y verdadero.

Las ideas de Epicteto han trascendido a lo largo de los siglos y han traspasado fronteras culturales. Marco Aurelio, emperador romano y autor de las célebres *Meditaciones*, encontró en sus principios una brújula para gobernar con justicia y sabiduría. En tiempos más recientes, figuras como el científico Stephen Hawking, el escritor Ryan Holiday, el actor Ryan Reynolds o la tenista Venus Williams han recurrido al estoicismo para superar desafíos personales y profesionales.

Sin embargo, la sabiduría estoica no está reservada solo a las grandes personalidades de la historia. Se trata de una filosofía cuyas ideas han perdurado precisamente porque abordan lo que es universal y eterno en la experiencia humana. Nos muestran cómo afrontar la vida con dignidad y propósito, recordándonos que incluso en las circunstancias más adversas podemos encontrar significado y belleza.

Este libro reúne los pasajes más relevantes de las enseñanzas de Epicteto, seleccionados cuidadosamente y presentados en un lenguaje claro y accesible que mantiene intacta la trascendencia de su mensaje. Cada uno de estos fragmentos es una invitación a detenerse y examinar la vida desde una nueva perspectiva, a encontrar claridad en medio de la incertidumbre y a descubrir una fuente inagotable de fortaleza interior. Para enriquecer la experiencia, cada pasaje se acompaña de una reflexión que profundiza en sus conceptos clave y facilita la comprensión de las ideas esenciales.

En sus páginas encontrarás respuestas a preguntas fundamentales: ¿Qué significa vivir conforme a la naturaleza? ¿Cómo enfrentar la adversidad con serenidad? ¿Qué es la verdadera libertad, y cómo alcanzarla? ¿Cómo distinguir entre lo esencial y lo superfluo? Epicteto, en ningún caso, pretende darnos soluciones definitivas, sino ofrecernos herramientas para reflexionar y actuar. Sus palabras son un recordatorio de que la filosofía no es un ejercicio teórico, sino un arte práctico que impregna cada aspecto de nuestra vida.

Sumergirse en este libro es entablar un diálogo íntimo con una de las mentes más lúcidas de la historia, que lejos de presentarse ante nosotros como un maestro distante, lo hace como un compañero de viaje, alguien que nos anima a mirar en nuestro interior y a descubrir las fortalezas y cultivar las virtudes que ya poseemos.

En un mundo que a menudo nos empuja hacia la superficialidad y la distracción, las enseñanzas de Epicteto nos invitan a detenernos, a observar con atención y vivir con intención. Su mensaje, tan simple como poderoso, resuena como una llamada a la introspección y a la acción consciente.

Te invitamos a recorrer estas páginas con una mente abierta y un espíritu dispuesto. Permite que las palabras de Epicteto no solo te inspiren, sino que también te desafíen y descubras en ellas un camino hacia una existencia más plena, caracterizada por la serenidad, la fortaleza y la gratitud.

Que este libro no solo ilumine tu mente, sino que transforme tu vida.

SECCIÓN I

1

¿Son estas las únicas obras de la Providencia que nos conciernen? ¿Qué palabras serían suficientes para alabarlas y expresarlas? Si fuéramos verdaderamente sensatos, ¿acaso no deberíamos dedicar todo nuestro ser, tanto en lo público como en lo privado, a alabar a la divinidad, bendecirla y enumerar sus favores? Ya sea mientras trabajamos, comemos o simplemente respiramos, ¿no deberíamos entonar un himno a la divinidad?:

«Grande es la divinidad que nos proporcionó los medios para trabajar la tierra. Grande es la divinidad que nos dio manos, que nos dio garganta y un vientre, que nos permitió crecer sin esfuerzo, que nos concedió respirar mientras dormimos».

Este himno debería resonar en cada momento, y deberíamos elevar el más grande y divino de los cantos, porque nos concedió la capacidad de comprender y seguir el camino de la razón.

Entonces, dado que la mayoría está ciega a estos dones, ¿no debería haber alguien que, en nombre de todos, cante este himno de gratitud? ¿Qué más puedo hacer yo, que soy viejo y cojo, sino cantar ese himno? Si fuera un ruiseñor, cantaría como un ruiseñor. Si fuera un cisne, lo haría como un cisne. Pero soy un ser racional, y mi tarea es entonar un himno a la divinidad. Esa es mi misión. La cumpliré y no la abandonaré mientras me sea posible. Y a vosotros, os exhorto a uniros en este canto de gratitud.

Reflexión. La verdadera sabiduría está en apreciar lo cotidiano: respirar, trabajar, relacionarnos. Valorar lo esencial nos conecta con el presente y evita la indiferencia hacia lo realmente importante.

2

¿Cómo actúan entonces los hombres? Como aquel que durante el regreso a su verdadero hogar hace noche en una hermosa posada, y al quedar tan fascinado por ella decidiera quedarse allí para siempre. Pero amigo, ¡has olvidado tu destino! Esa posada no es tu lugar, solo es una parada en tu camino. «Pero es un lugar agradable», podrías decir. Sí, pero ¿cuántos lugares como este encontrarás en tu camino? Tu propósito no es detenerte en lo placentero, sino regresar a tu verdadero hogar, allí donde tus seres queridos esperan, donde tus deberes te llaman, donde debes cumplir con las responsabilidades de la vida, casarte, tener hijos y desempeñar tu papel como ciudadano. No has venido para quedarte en los lugares más placenteros, sino para volver a donde realmente perteneces y a cumplir con lo que te fue asignado.

Reflexión. La comodidad no debe alejarnos de lo esencial: cumplir con nuestras responsabilidades y avanzar hacia nuestro propósito, evitando quedarnos atrapados en lo placentero y superficial.

3

Intenta disfrutar del gran festival de la vida compartiéndolo con los demás.

Reflexión. La satisfacción genuina surge al compartir la vida con otros, enriqueciendo no solo nuestra existencia, sino también la de quienes nos acompañan en el camino.

4

Sé bien a quién debo agradar, a quién subordinarme y a quién obedecer: a la divinidad, y luego a mí mismo. Ella me puso bajo mi propio gobierno, subordinando mi voluntad únicamente a mí, otorgándome principios para su recto uso.

Reflexión. El autocontrol es la clave de la libertad: al gobernar nuestras decisiones con principios racionales, encontramos el equilibrio para vivir en armonía con nuestra verdadera naturaleza.

5

Rufo solía decir: «Si tienes tiempo para alabarme, entonces lo que digo no tiene valor». Y en verdad, hablaba de una manera tan directa que cada uno de nosotros se sentía aludido por sus palabras. Con una claridad asombrosa, describía nuestras acciones tal como eran y señalaba ante nuestros propios ojos los errores que cometíamos.

Reflexión. La sinceridad impulsa el crecimiento: al reconocer nuestros errores sin filtros y aceptar críticas directas, encontramos el camino hacia la mejora y el desarrollo personal.

6

¿Y qué dice Dios? «Epicteto, si hubiera sido posible, habría hecho que tu cuerpo y tus posesiones estuvieran libres de limitaciones y restricciones. Pero no te engañes: en realidad no te pertenecen, no son más que arcilla moldeada por la naturaleza. Como no pude concederte eso, te he dado algo más valioso: una parte de Mí mismo, el poder de elegir y rechazar, de desear y evitar; esto es, la capacidad de manejar lo que percibes. Si no descuidas este don, y lo valoras por encima de todo, nunca encontrarás impedimentos, ni tropezarás, ni te angustiarás, ni culparás ni adularás a nadie. ¿Te parece esto insignificante?»

— ¡Por supuesto que no!

— Entonces, ¡sé pleno con ello!

— Así se lo ruego a los dioses.

Reflexión. La verdadera riqueza está en controlar nuestras percepciones y elecciones, decidiendo cómo responder. Ese poder nos guía hacia la paz y la libertad interior, más valiosas que cualquier posesión.

7

¿Y qué decía Antístenes? ¿Nunca lo has escuchado? «Ciro, es propio de los reyes hacer buenas obras y oír malas palabras».

Reflexión. La grandeza no está en evitar críticas, sino en actuar con virtud pese a ellas, demostrando carácter y compromiso con lo correcto, sin dejarse influir por opiniones externas.

8

«Pero degradarme de esta forma sería indigno de mí». Eso es algo que solo tú puedes juzgar. Eres tú quien te conoces a ti mismo, quien sabe cuánto vales para ti y por cuánto te vendes: cada uno se vende a un precio. Por eso, cuando Floro se preguntaba si debía asistir a los espectáculos de Nerón, Agripino le dijo: «Asiste». Y al preguntarle Floro: «Por qué no asistes tú», le respondió: «Yo ni siquiera me lo planteo». Porque aquel que empieza a cuestionarse y a valorar las cosas externas, está cerca de olvidar su propia dignidad.

Me preguntas: «¿Es preferible la muerte o la vida?». Yo respondo: la vida. «¿El dolor o el placer?». Te digo: el placer. «¡Pero si no participo en el espectáculo, me cortarán el cuello!». Entonces, ve y participa, pero yo no lo haré. ¿Por qué? Porque tú piensas que eres como uno de los hilos del tejido de una túnica. Buscas ser como los demás, sin destacar. Pero yo deseo ser la púrpura, ese hilo brillante y diminuto que hace que todo lo demás luzca más bello. Entonces, ¿por qué me pides que sea como la multitud? Si lo hiciera, dejaría de ser la púrpura.

Reflexión. La dignidad reside en ser fieles a nosotros mismos, actuando según nuestra esencia y sin ceder a expectativas externas. Nuestro verdadero valor se define al no renunciar a lo que somos.

9

Si comprendemos profundamente que todos provenimos de la divinidad, y que esta es el origen tanto de los dioses como de los hombres, nos liberamos de pensamientos indignos sobre nosotros mismos. Porque si el César te adoptara, nadie osaría sostenerte la mirada. Entonces, ¿no deberías sentir aún mayor orgullo al saber que eres hijo de Zeus? Sin embargo, no lo hacemos. Dado que en nuestro origen se mezclan dos elementos —por un lado, el cuerpo, común con los animales, y por otro, la razón y el pensamiento, comunes con los dioses— muchos se identifican más con su parte mortal, limitada y sufriente, que con su naturaleza divina y bienaventurada.

Cada ser humano debe entender su naturaleza en su totalidad. Los pocos que viven en concordancia con su divinidad y rectitud no se ven como miserables, mientras que la mayoría se arrastra en pensamientos de desdicha: «¿Qué soy? ¡Un pobre hombre desdichado!» y «¡Mi carne miserable!». Es cierto que la carne es miserable, pero también posees algo superior a ella. ¿Por qué entonces te consumes en lo físico y dejas de lado lo que realmente te eleva?

Reflexión. La esencia humana está en nuestra capacidad de razonar y reflexionar, superando las limitaciones físicas y encontrando fortaleza más allá de la fragilidad del cuerpo.

10

Eres un alma pequeña arrastrando un cadáver.

Reflexión. La identidad no está en el cuerpo, sino en la mente y nuestras elecciones. El cuerpo es temporal; lo esencial es el dominio sobre nuestra razón y la dirección de nuestra vida.

11

El otro día, dejé una lámpara de hierro junto a las imágenes de los dioses de mi hogar. Escuché un ruido en la puerta y, al bajar, descubrí que me la habían robado. Reflexioné entonces, comprendiendo que el ladrón simplemente actuaba conforme a su naturaleza, y que lo ocurrido no era algo extraordinario. «Mañana, amigo —me dije—, encontrarás una lámpara de barro en su lugar, porque solo podemos perder aquello que poseemos».

Reflexión. El valor de lo material es efímero. La verdadera pérdida está en el apego, no en el objeto. Solo importa lo que controlamos; lo demás no debe inquietarnos.

12

Precisamente por eso perdí mi lámpara, porque el ladrón fue más vigilante que yo. Sin embargo, él pagó un alto precio por llevársela. A cambio de la lámpara, eligió convertirse en ladrón, sacrificando con ello su honor y dignidad.

Reflexión. La verdadera pérdida no está en lo material, sino en renunciar a la integridad. El honor y la dignidad son eternos, y su sacrificio es el mayor empobrecimiento.

13

Dios ha hecho al ser humano no solo para que sea un observador de Sí mismo y de Sus obras, sino también un intérprete de ellas. Por eso, es lamentable que el hombre viva y muera como lo hacen los animales, limitado a sus necesidades básicas. Lo adecuado es comenzar ahí, pero avanzar hasta donde culmina nuestra verdadera naturaleza; esto es, en la contemplación, la comprensión y una vida en armonía con el orden universal. No permitas que la muerte te sorprenda sin haber sido testigo de estas maravillas y sin haberlas comprendido en su totalidad.

Reflexión. Nuestra verdadera esencia radica en reflexionar y comprender. La vida plena va más allá de la supervivencia: es buscar significado y entendimiento en el mundo que habitamos.

14

Viajas a Olimpia para admirar la obra de Fidias, y consideras una tragedia no haber visto estas maravillas antes de morir. Sin embargo, cuando no es necesario ni siquiera viajar, cuando las maravillas de la creación están justo delante de tus ojos, ¿no te detienes a contemplarlas ni a estudiarlas? ¿No te preguntas quién eres, por qué naciste y para qué te fue dada la capacidad de contemplar y comprender?

«Pero en la vida hay cosas desagradables y difíciles de soportar», dirás. ¿Y acaso en Olimpia no las hay también? ¿No soportas el calor abrasador, la incomodidad de la multitud, la lluvia o el bullicio? A pesar de todo, aceptas pacientemente estas molestias por el esplendor del espectáculo. Entonces, ¿acaso no has recibido grandeza de espíritu, coraje y fortaleza interior? Si poseo todo eso, ¿qué me importa lo que suceda? ¿Qué puede abatirme o perturbarme? ¿Qué puede parecerme doloroso? ¿Acaso no debo usar el poder que me fue otorgado para su verdadero propósito, en lugar de lamentarme y quejarme por lo que me ocurre?

Reflexión. La grandeza reside en apreciar las maravillas cotidianas. Las dificultades no son obstáculos, sino oportunidades para demostrar fortaleza y coraje, avanzando en armonía con nuestro propósito interior.

15

Si es cierto lo que los filósofos dicen sobre el parentesco entre Dios y el ser humano, entonces, ¿qué nos queda por hacer sino actuar como Sócrates? Cuando te pregunten de dónde eres, no digas «Soy ateniense» o «Soy corintio», sino «Soy ciudadano del mundo».

Reflexión. Nuestra identidad trasciende fronteras; reside en la razón y la virtud. Somos ciudadanos de un mundo compartido, conectados por un propósito común y nuestra capacidad de actuar con sabiduría.

16

Quien comprende el orden del universo y reconoce que la comunidad entre Dios y los hombres es la más grande y poderosa, entiende que las semillas de la vida descienden de Dios, no solo para nuestros antepasados, sino para todo ser vivo que nace y crece en la tierra. Esta verdad es especialmente relevante para quienes poseen el entendimiento, ya que solo ellos pueden mantener comunión con Dios, al estar unidos a Él a través de la razón. ¿Por qué no llamarse ciudadano del mundo, entonces? ¿Por qué no considerarse hijo de Dios? Si el vínculo con figuras poderosas como el César ofrece respeto y seguridad, el hecho de que Dios sea nuestro Creador y Padre ¿no debería liberarnos aún más del temor y el sufrimiento, sabiendo que estamos bajo su protección y guía?

Reflexión. La verdadera fortaleza surge al vivir como seres racionales, conscientes de nuestra conexión con el universo. Al liberarnos del miedo y el apego material, encontramos paz en nuestra esencia.

17

No creo que un anciano como yo deba estar aquí solo para impedir que tengáis pensamientos indignos sobre vosotros mismos o que habléis de manera despectiva. Mi verdadera tarea es evitar que entre vosotros haya algún joven que, tras reconocer su parentesco con los dioses y verse atrapado en las cadenas del cuerpo y sus necesidades, desee liberarse de ellas como si fueran una carga insoportable, sin darse cuenta de que su verdadera esencia trasciende esas limitaciones.

Esta es la lucha en la que debería estar involucrado un verdadero maestro y guía. Vendríais a mí y diríais: «Epicteto, ya no soportamos estar encadenados a este cuerpo miserable, tener que alimentarlo, cuidarlo y limpiarlo, y, además, estar sometidos a otros por su causa. ¿Acaso no son estas cosas indiferentes para nosotros? ¿No es cierto que la muerte no es un mal? ¿No somos parientes de los dioses y no venimos de ellos? Vayamos entonces hacia donde pertenecemos, liberémonos de estas cadenas que nos agobian. Aquí hay ladrones, tiranos y tribunales que creen tener poder sobre nosotros, solo porque pueden afectar a este cuerpo miserable. Mostrémosles que en realidad no tienen poder sobre nuestra verdadera esencia».

Reflexión. Nuestra esencia trasciende el cuerpo; la verdadera libertad está en reconocerlo. Al enfocarnos en nuestra identidad racional, enfrentamos las adversidades con fortaleza, sin ser dominados por ellas.

18

A esto les respondo: «Amigos, esperad el momento de Dios. Cuando Él lo disponga y os libere de este servicio, partiréis hacia Él. Pero por ahora, aceptad vivir en el lugar que Él os ha asignado. El tiempo que pasaréis aquí es breve y ligero para aquellos que adoptan la actitud correcta. ¿Qué poder tiene un tirano, un ladrón o un tribunal sobre quienes no dan importancia al cuerpo ni a lo material? Aguantad, y no os apresuréis a abandonar este mundo sin necesidad».

Reflexión. La vida se define por aceptar con serenidad lo incontrolable. La actitud correcta nos brinda libertad interior, haciéndonos invulnerables a las influencias externas.

19

Así debería ser la relación entre un maestro y sus discípulos ingenuos. Pero, ¿qué es lo que realmente sucede? El maestro está vacío, y vosotros también estáis vacíos. Después de comer hoy, os preocupáis y lamentáis por la comida de mañana.

¡Esclavo! Si tienes comida mañana, perfecto; si no, la puerta siempre está abierta. ¿Por qué sufrir? ¿Qué lugar hay para las lágrimas? ¿Qué necesidad de halagos? ¿Por qué envidiar a otros? ¿Por qué temer a aquellos que tienen poder o riqueza, especialmente si son fuertes y apasionados? ¿Qué pueden hacernos? Lo que ellos pueden hacer no nos afecta; y lo que realmente importa, eso no pueden tocarlo. ¿Quién podría gobernar a alguien con una mentalidad así?

Reflexión. La libertad surge al vivir sin miedo ni envidia, desapegados de lo material. La paz interior nace al alinearnos con nuestros valores, inmunes a influencias externas.

20

Viendo esto, y reconociendo las capacidades que posees, deberías decir: «Oh, Dios, envía cualquier prueba que desees, porque me has dado los medios y la fuerza para enfrentarme con honor a todo lo que suceda». Sin embargo, en lugar de eso, te sientas temblando de miedo por lo que podría ocurrir, y lamentándote por lo que ya ha pasado. Luego, reprochas a los dioses. Esa mezquindad de espíritu solo puede llevar a la impiedad.

Dios no solo nos ha otorgado las facultades para soportar todo lo que ocurre sin ser derrotados, sino que, como un buen Rey y Padre, nos ha dado este poder de manera plena, poniéndolo completamente a nuestra disposición, sin restricciones. Pero a pesar de tenerlo todo en tus manos, no lo usas. No te das cuenta de lo que has recibido ni de su origen, y en su lugar te sientas a quejarte: algunos de vosotros, ciegos ante el Donador, no muestran gratitud; otros, se entregan a las quejas y acusan a Dios.

Las facultades y la fortaleza que tienes para desarrollar coraje y grandeza de espíritu te las puedo mostrar fácilmente; pero las razones que tienes para quejarte y reprochar, ¡esas te toca a ti explicarlas!

Reflexión. Reconocer nuestras capacidades nos libera de quejas y reproches. La gratitud y la fortaleza nos permiten valorar lo que tenemos y aceptar quienes somos en cada momento.

21

¿Cómo se comportaba Sócrates en este aspecto? Actuaba con la plena certeza de que era pariente de los dioses, y esa convicción guiaba su vida.

Reflexión. La confianza en la propia racionalidad y propósito permite vivir con integridad y firmeza. La claridad interna, guiada por principios sólidos, nos hace independientes de las circunstancias externas.

22

Si Dios hubiera hecho que esa parte de Su propia naturaleza, que separó de Sí mismo y nos dio, pudiera ser obstaculizada o limitada por Él o por cualquier otro, no sería Dios, ni estaría cuidándonos como debería hacerlo. Si eliges, eres libre; si eliges, no necesitas culpar a nadie, ni acusar a nadie. Todo estará de acuerdo con tu voluntad y con la Voluntad de Dios.

Reflexión. La libertad interior, invulnerable a lo externo, florece al ejercerla con sabiduría. En ella hallamos paz, evitando culpar o acusar a otros por nuestras circunstancias.

23

Existen dos tipos de obstinación: una es intelectual cuando alguien se niega a aceptar lo evidente; la otra es moral, cuando una persona se resiste a reconocer lo que es correcto. Muchos de nosotros tememos la degradación corporal y haríamos lo que fuera para evitar llegar a esa situación, pero la degradación del alma nos deja completamente indiferentes. Y, ¡por Zeus!, si alguien estuviera en un estado tal que no pudiera razonar ni entender nada, diríamos que su condición es grave. Sin embargo, cuando es el sentido moral y el respeto lo que se ha deteriorado, a eso incluso lo llamamos «fortaleza de carácter».

Reflexión. Preocuparnos por el cuerpo mientras descuidamos el espíritu es un error. La falta de moral, lejos de ser fortaleza, revela nuestra mayor debilidad y desconexión con lo esencial.

24

Si nos dedicáramos a nuestra verdadera tarea con el mismo empeño que los senadores de Roma ponen en los asuntos que les conciernen, quizás también lograríamos algo importante. Recuerdo a un hombre mayor que yo, que ahora es prefecto del trigo en Roma. Cuando pasó por aquí, tras su regreso del exilio, renegaba de su vida anterior y me prometió que, a partir de entonces, se dedicaría solo a pasar el resto de sus años de vida en paz y tranquilidad, pues ya le quedaban pocos. Yo le respondí: «No lo harás; en cuanto llegues a Roma, olvidarás tus promesas, y si tienes la oportunidad de entrar en la Corte, estarás encantado y darás gracias por ello».

Él me dijo: «Epicteto, si alguna vez me ves poniendo un pie en la Corte, piensa lo que quieras de mí». ¿Y qué sucedió? Antes de llegar a la ciudad, recibió una carta del Emperador, y al momento olvidó todas sus promesas y comenzó a acumular más responsabilidades. Me gustaría estar a su lado para recordarle lo que me dijo y decirle: «¡Qué buen profeta fui!».

¿Y qué? ¿Acaso digo que el hombre no está hecho para la acción? En absoluto. Pero hay una gran diferencia entre las ocupaciones de los demás y las nuestras. La mayoría pasan sus días calculando cómo obtener beneficios en alimentos, tierras y otras cosas similares. En cambio, yo te pido que reflexiones sobre cómo funciona el universo, cuál es el lugar del ser racional en él, quién eres tú y en qué consiste tu verdadero bien y mal. ¿Son estas cuestiones comparables a las otras? ¿Merecen la misma atención? ¿Es igual de vergonzoso ignorar lo uno que lo otro?

Reflexión. Centrarse en lo mundano nos aparta del propósito. La filosofía nos guía hacia un significado más profundo, ayudándonos a evitar las distracciones y enfocarnos en lo importante.

25

Un hombre me pidió que escribiera una carta a Roma en favor suyo. Muchos lo consideraban desafortunado, ya que habiendo sido rico y distinguido, lo había perdido todo. Así que escribí la carta en un tono compasivo. Sin embargo, cuando leyó la carta, me la devolvió diciendo: «Te pedí tu ayuda, no tu compasión. Ninguna desgracia me ha sucedido».

Reflexión. La auténtica adversidad reside en nuestra percepción, no en las circunstancias. El bienestar no lo define la dificultad, sino la respuesta sabia y equilibrada que elegimos ante ella.

26

La verdadera educación consiste en aprender a querer cada una de las cosas tal y como son. ¿Y cómo son? Según lo ha dispuesto el que las ordenó. Él ha determinado que existan el verano y el invierno, la abundancia y la escasez, el vicio y la virtud, y todos los opuestos necesarios para mantener la armonía del todo.

Reflexión. Reconocer que todo tiene su propósito en el orden natural nos lleva a aceptar con serenidad y vivir en armonía con la vida.

27

Ten siempre presente esta idea: cuando pierdas algo externo, reflexiona sobre lo que has ganado a cambio; y si lo que has ganado es más valioso, no digas que has sufrido una pérdida.

Reflexión. Cada pérdida es una oportunidad para crecer. Al ganar sabiduría y fortaleza, comprendemos que lo perdido no era esencial para nuestra paz interior.

28

En cuanto a los dioses, algunos niegan su existencia; otros afirman que existen, pero que no actúan ni se interesan por nada. Un tercer grupo cree que los dioses existen y tienen previsión, pero solo para los asuntos celestiales, sin involucrarse en lo que sucede en la tierra. Un cuarto grupo admite que los dioses se ocupan tanto de lo celestial como de lo terrenal, pero de manera general, no en los detalles de cada individuo. Finalmente, un quinto grupo, del que formaban parte Ulises y Sócrates, cree que los dioses lo saben todo, incluso los detalles más pequeños, y proclama: «¡No me muevo sin que Tú lo sepas!».

Reflexión. La relación entre el ser humano y el universo se comprende al asumir nuestra responsabilidad. Actuar con integridad y decidir conforme a la razón nos conecta con lo esencial.

29

Considerando todas estas cosas, el hombre honesto y sabio somete su juicio a la voluntad del que todo lo gobierna, de la misma manera que los buenos ciudadanos obedecen las leyes de su país. Quien desea aprender debe tener en mente estas preguntas: ¿Cómo puedo seguir el camino de los dioses? ¿Cómo puedo aceptar con serenidad la administración divina del universo? ¿Y cómo puedo ser realmente libre? Porque es libre quien vive en armonía con su libre albedrío y a quien nada ni nadie puede obstaculizar.

¿Significa esto que la libertad es una forma de locura? ¡Por supuesto que no! Locura y libertad no pueden coexistir. Si dices: «Quiero que todo ocurra tal como lo deseo y cuando lo deseo», estás desvariando. La libertad es algo glorioso y valioso, pero pretender que las cosas sucedan según nuestros caprichos, no solo es absurdo, sino que puede ser profundamente indigno.

Reflexión. La libertad genuina está en aceptar con serenidad el flujo natural de la vida, viviendo en armonía y guiándonos por la razón, no por los caprichos personales.

30

Debes entender que un principio no se convierte en parte de ti fácilmente, a menos que cada día lo practiques, lo reafirmes y lo apliques en tu vida.

Reflexión. Los principios sólidos se fortalecen con la práctica diaria. No basta con conocerlos; aplicarlos sistemáticamente los transforma en parte esencial de nuestra naturaleza.

31

Eres impaciente y difícil de complacer. Si estás solo, a eso lo llamas soledad; si estás en compañía de otros, los consideras conspiradores y ladrones, y te quejas incluso de tus propios padres, hijos, hermanos y vecinos. Sin embargo, cuando estás solo, deberías ver esa soledad como tranquilidad y libertad, y considerarte en armonía con los dioses. Y cuando estés en compañía de otros, en lugar de verlo como una multitud caótica y molesta, deberías percibirlo como una oportunidad de convivencia, y aceptar todo con serenidad y gratitud.

Reflexión. Cambiar nuestra actitud ante las circunstancias nos brinda paz en la soledad y satisfacción en la compañía, permitiéndonos vivir ambas con sabiduría y perspectiva positiva.

32

¿Cuál es el castigo para quienes no aceptan su situación? Permanecer en lo que son. Si alguien está descontento por estar solo, su castigo será permanecer en soledad. Si alguien está insatisfecho con sus padres, será un mal hijo y sufrirá por ello. Si alguien no está contento con sus hijos, será un mal padre. «¡Envíenlo a prisión!» ¿Qué prisión? Ya está en ella, porque cualquier lugar en el que una persona esté en contra de su voluntad, para ella es una prisión. Por eso Sócrates, aunque físicamente estuviera en una celda, no se consideraba encarcelado, porque aceptó su situación con serenidad y su voluntad estaba en paz con lo que sucedía.

Reflexión. El verdadero castigo está en resistir internamente las circunstancias. La paz surge al alinear nuestra voluntad con la realidad, aceptando cada situación con serenidad y sabiduría.

33

¿Te has dado cuenta de lo insignificante que eres en comparación con el vasto universo? Ahora bien, eso es cierto en lo que respecta al cuerpo. Pero en cuanto a la razón, no eres inferior a los dioses, ni menos que ellos. Porque la grandeza de la razón no se juzga por el tamaño o la altura, sino por los pensamientos y decisiones que eliges adoptar. Así que encuentra tu felicidad en aquello que te une a lo divino.

Reflexión. La grandeza reside en nuestra capacidad de razonar y decidir con sabiduría. La felicidad se alcanza al alinear nuestra mente con la virtud y la razón.

34

Cuando le preguntaron cómo un hombre podría comer de manera que agradase a los dioses, Epicteto respondió: «Si cuando comes, puedes ser justo, alegre, equilibrado, moderado y ordenado, ¿no sería eso actuar de manera agradase a los dioses?». Y si, en alguna ocasión, no recibes lo que esperabas o las cosas no salen como deseabas, ¿no sería igualmente agradable para los dioses que no te enfurezcas ni pierdas el control?

Y si te preguntas: «¿Pero cómo puede uno soportar eso?», entonces, ¿acaso no puedes soportar a tu propio hermano, que tiene a Dios como su origen, y que, como tú, proviene del mismo linaje? ¿Acaso ocupar una posición elevada te convierte en un tirano? Recuerda quién eres y que quienes te rodean son, por naturaleza, tus iguales.

Si piensas: «Pero soy yo quien tiene poder sobre ellos, no ellos sobre mí», ¿te das cuenta hacia dónde estás mirando? Estás mirando hacia lo bajo, hacia las leyes humanas que solo valoran lo material. En lugar de eso, deberías mirar hacia las leyes universales, que reconocen nuestra verdadera igualdad y dignidad.

Reflexión. Cultivar la virtud y practicar la moderación reflejan la auténtica grandeza. Aceptar las circunstancias con serenidad y reconocer nuestra igualdad preserva y honra nuestra dignidad.

35

Cuando nos invitan a un banquete, aceptamos lo que se nos ofrece. Si alguien le pidiera al anfitrión que le sirviera pescado o dulces, se vería como una petición absurda. Sin embargo, en la vida actuamos de manera similar: pedimos a los dioses aquello que no nos han dado, a pesar de que ya nos han ofrecido muchas cosas.

Reflexión. La aceptación y la gratitud nos liberan del deseo irracional de exigir más; en cambio, nos invitan a valorar profundamente lo que ya hemos recibido de la vida.

36

Cuando le preguntaron cómo podría un hombre convencerse de que cada uno de sus actos estaba bajo la mirada de la divinidad, Epicteto respondió:

—¿No crees que todo lo que sucede en la Tierra y en el Cielo está conectado y en armonía?

—Sí, lo creo —fue la respuesta.

—De otro modo, ¿cómo es posible que los árboles, como si obedecieran la orden divina, florezcan, broten, den frutos, los maduren y luego, a su debido tiempo, los dejen caer y pierdan sus hojas, para luego quedarse en quietud y reposo? ¿Cómo explicas que los cambios en la Tierra coincidan con los ciclos del Sol y la Luna, si no es porque todo está en perfecta sincronía? Si todo lo que crece, incluso nuestros propios cuerpos, está en conexión con el universo, ¿no será esto aún más cierto respecto a nuestras almas? Y si nuestras almas están unidas a la divinidad, siendo parte de ella, ¿no sentirá la divinidad cada uno de nuestros pensamientos y acciones, como si fueran suyos, como si formaran parte de su propia naturaleza?

Reflexión. Vivimos en un universo interconectado. Actuar con responsabilidad y reconocer el impacto de nuestras decisiones en el orden natural es esencial para mantener la armonía que nos rodea.

37

Dices que no puedes comprender todo esto de inmediato. Pero ¿quién te ha dicho que tus capacidades son iguales a las de la divinidad? Aun así, dentro de ti hay una guía interna, un protector que nunca duerme ni se deja engañar. ¿Qué mejor vigilante podrías tener? Por eso, cuando cierres las puertas y estés en la oscuridad, no digas nunca que estás solo; porque no lo estás: esa guía está en tu interior, y no necesita luz para ver lo que haces.

A esa guía interna deberías jurarle lealtad, como los soldados juran lealtad al César. Ellos prometen proteger la vida del César por encima de todo. ¿No harás tú lo mismo, que has sido considerado digno de tantos y tan grandes dones? ¿Cumplirás tu juramento? ¿Y cuál es ese juramento? No desobedecer, no quejarte ni lamentarte por nada de lo que Vida te depare, y aceptar con voluntad todo lo que la necesidad te imponga. Este juramento es más importante que cualquier otro, porque mientras los soldados juran no honrar a nadie más que al César, tú, en cambio, debes jurar que no hay nada más valioso que tu verdadero ser.

Reflexión. Dentro de ti habita una fuerza superior, tu razón, que te guía sin descanso. Sé leal a ella, aceptando la vida sin quejas y honrando siempre tu verdadero ser.

38

«¿Cómo puedo lograr que mi hermano deje de estar enfadado conmigo?» Tráemelo y hablaré con él, pero a ti nada puedo decirte sobre su enfado.

Reflexión. No podemos influir en las emociones ajenas, pero sí en nuestras acciones y respuestas. Controlar lo que depende de nosotros es la clave para vivir con equilibrio y paz interior.

39

Alguien buscaba consejo y preguntó a Epicteto: «Quiero saber cómo, aunque mi hermano no se reconcilie conmigo, puedo seguir actuando conforme a la naturaleza». Epicteto respondió: «Las cosas grandes crecen lentamente; esto es cierto incluso para una uva o un higo. Si ahora me dices que deseas un higo, te diré que necesita tiempo: primero debe florecer, luego dar fruto y, finalmente, madurar. Así como el fruto de la higuera no madura de inmediato ni en una sola hora, ¿esperas conseguir el fruto de la mente humana tan rápido y fácilmente? No lo esperes, ni aunque yo te lo dijera».

Reflexión. El crecimiento personal y la transformación interior demandan tiempo y paciencia. Las grandes cosas de la vida necesitan madurar a su propio ritmo, sin apresurarse.

40

Epafrodito tenía un zapatero al que despidió porque lo consideraba un inútil. Sin embargo, por alguna circunstancia, ese mismo zapatero terminó convirtiéndose en el zapatero personal del Emperador. De repente, la actitud de Epafrodito cambió por completo. Ahora decía cosas como: «¿Qué tal está el buen Felición? ¡Por favor, mándenle mis saludos!». Y cuando alguien preguntaba: «¿Qué está haciendo Epafrodito?», la respuesta era: «Está consultando con Felición sobre ciertos asuntos». Pero ¿no lo había despedido antes porque lo consideraba un inútil? ¿Qué lo convirtió de repente en alguien digno de respeto? Esto es lo que ocurre cuando valoramos cosas externas que están fuera de nuestro control, en lugar de valorar lo que realmente depende de nuestro albedrío, como nuestras decisiones y juicios sobre el carácter de los demás.

Reflexión. El valor de una persona reside en su carácter y acciones, no en su estatus. Cambiar nuestra percepción por factores externos es perder de vista lo esencial: nuestros juicios y decisiones.

41

No impongas a los demás aquello que tú mismo no soportarías. Si rechazas la esclavitud, asegúrate de no someter a otros a ella. Si eres capaz de tolerar la opresión, es como si alguna vez hubieras sido esclavo tú mismo. Porque el vicio es incompatible con la virtud, así como la libertad lo es con la esclavitud.

Reflexión. Vivir conforme a los principios que defendemos asegura coherencia entre nuestras acciones y lo que consideramos justo, fortaleciendo nuestra integridad y propósito.

42

¿Acaso alguien ha sido nombrado tribuno? Todos los que se cruzan con él lo felicitan. Uno le besa los ojos, otro el cuello, y sus sirvientes le besan las manos. Al llegar a su casa lo reciben con antorchas encendidas en su honor, y luego sube al Capitolio a ofrecer un sacrificio. Pero, ¿quién ha ofrecido alguna vez sacrificios por haber cultivado deseos honestos y por haber sentido impulsos en armonía con la naturaleza? Y es que, en realidad, damos gracias a los dioses por aquello en lo que decidimos basar nuestra felicidad.

Reflexión. La gratitud debe dirigirse hacia lo que nutre nuestra felicidad interior: el cultivo de la virtud y la armonía con la naturaleza, más que hacia los logros externos.

43

Hoy alguien me hablaba de su deseo de obtener el sacerdocio en honor a Augusto. Le respondí: «Déjalo, buen hombre; gastarás mucho para nada».

—Pero mi nombre aparecerá en todos los documentos y contratos —insistió.

—¿Y qué? ¿Estarás tú allí para decir a quienes los lean: «Ese es mi nombre escrito allí». Y aunque pudieras hacerlo ahora, ¿qué ocurrirá cuando ya no estés?

—Al menos mi nombre permanecerá allí escrito —replicó.

—Grábalo en una piedra, y también permanecerá. Pero más allá de tu ciudad, ¿quién lo recordará?

—Pero tendré una corona de oro —añadió.

—Si necesitas una corona, ponte una de rosas; te verás más elegante.

Reflexión. La fama y los títulos son fugaces; solo la autenticidad y la humildad dejan huella. Vivir con sencillez y en paz con uno mismo supera cualquier reconocimiento externo.

44

Sobre todo, recuerda que la puerta siempre está abierta. No tengas más miedo que los niños; así como ellos, cuando se cansan del juego, simplemente dicen: «Ya no quiero jugar más», tú también, cuando algo ya no tenga sentido, di: «Ya no quiero seguir» y márchate. Pero si decides quedarte, hazlo sin quejas ni lamentos.

Reflexión. La libertad de elección nos invita a asumir nuestras decisiones con serenidad y responsabilidad, conscientes de que cada paso es nuestro y forma parte de nuestro propio camino hacia la plenitud.

45

¿Dices que hay humo en la habitación? Si es poca cosa, me quedaré; pero si se vuelve insoportable, me iré. Recuerda siempre que la puerta está abierta. «Pero entonces, no podrás vivir en Nicópolis». De acuerdo. «Ni en Atenas». Tampoco viviré en Atenas. «Ni en Roma». Tampoco en Roma. «¡Debes ir a Giaros!». Muy bien; pero para mí, vivir en Giaros sería como soportar un aire irrespirable, así que prefiero marcharme a un lugar donde nadie puede impedirme estar. Esa morada está abierta para todos. Mi cuerpo es el último refugio sobre el que los demás tienen poder; más allá de él, nada puede hacerme daño. Por eso Demetrio le dijo a Nerón: «Tú me amenazas con la muerte; pero la naturaleza, es a ti a quien amenaza.»

Reflexión. Ni la muerte ni las dificultades físicas pueden perturbar a quien preserva su paz interior y virtud. La verdadera libertad reside en la mente y en nuestra actitud ante los acontecimientos.

46

El paso esencial para embarcarse en el camino filosófico consiste en reconocer el estado de nuestra propia mente. Si alguien advierte que su mente es frágil, no debería intentar abordar cuestiones de gran complejidad. Sin embargo, muchos, sin estar preparados, compran tratados completos y tratan de asimilarlos. El resultado es que terminan por desecharlos o quedan confundidos y exhaustos, debiendo haberse detenido a considerar primero su capacidad.

Reflexión. Reconocer nuestras limitaciones es el primer paso hacia la sabiduría. La humildad y la autoconsciencia nos permiten avanzar genuinamente en el camino filosófico.

47

En teoría, es fácil convencer a una persona ignorante; pero en la práctica, las personas no solo se resisten a ser convencidas, sino que incluso llegan a odiar a quien las convence. Sócrates, en cambio, solía decir que nunca deberíamos vivir una vida sin someternos a examen.

Reflexión. La autocrítica nos invita a reflexionar con honestidad sobre nuestras vidas, aceptando la verdad y permitiendo el cambio, en lugar de refugiarnos en la comodidad de la negación.

48

Por eso, cuando le recordaron a Sócrates que debía prepararse para su juicio, él respondió: «¿Acaso no crees que me he estado preparando para él toda mi vida?».

—¿De qué manera?

—Haciendo siempre lo que estaba en mis manos.

—¿Y cómo es eso?

—Nunca, ni en secreto ni abiertamente, he hecho mal a nadie.

Reflexión. Vivir con rectitud e integridad es la mejor preparación frente a la adversidad. Una conciencia tranquila se convierte en nuestra defensa más firme y en la raíz de nuestra fortaleza.

49

La divinidad: «Entonces ¿con qué actitud te presentas ante la vida».

El hombre: «Como un testigo llamado por la divinidad».

La divinidad: «Acércate y da testimonio en mi favor, porque eres digno de ser mi testigo. Dime, ¿hay algo externo a tu albedrío que pueda considerarse bueno o malo? ¿He causado daño a alguien? ¿Acaso he puesto el verdadero bien de cada persona en manos de otro?».

Maestro: «¿Cómo vas a responder a este llamado? ¿Qué actitud tomarás como testimonio de la divinidad?»

El hombre: «Me siento miserable, Maestro, estoy perdido. Nadie se preocupa por mí ni me da nada; todos me culpan y hablan mal de mí».

Maestro: «¿Ese será el testimonio que darás? ¿Deshonrarás el llamado que se te ha hecho, después de haber sido considerado digno de dar testimonio en una causa tan elevada?».

Reflexión. Asumir la responsabilidad significa vivir con integridad y serenidad, aceptando las dificultades sin quejas y cultivando la virtud como base de la paz interior.

50

¿Deseas que los demás hablen bien de ti? Comienza hablando bien de ellos. Y cuando hayas aprendido a hacerlo, da un paso más: hazles el bien. De esa manera, recogerás naturalmente el fruto de que también ellos hablen bien de ti.

Reflexión. La coherencia entre palabras y acciones cultiva relaciones basadas en el respeto y la bondad, reflejando los valores que deseamos recibir y fortaleciendo nuestra autenticidad.

51

Cuando te encuentres ante alguien de gran autoridad, recuerda que hay una mirada superior que observa todo lo que sucede, y que deberías procurar agradar a esa presencia más que a cualquier otra persona. Ella te preguntará entonces:

—¿En tus estudios, cómo llamabas al exilio, la prisión, las cadenas, la muerte y la vergüenza?

—Los llamaba cosas indiferentes —dirás.

—¿Y ahora, cómo los llamas? ¿Han cambiado en algo?

—No.

—Entonces, acaso eres tú quien ha cambiado.

—No.

—Dime, ¿qué son las cosas indiferentes?

—Aquellas que no están bajo mi control.

—¿Qué se desprende de ello?

—Que lo que no está bajo mi control no tienen poder sobre mí; no me afectan realmente.

—Y, ¿qué consideras como verdaderos bienes?

—Una voluntad alineada con la virtud y la razón, y un uso adecuado de mis percepciones.

—Y, finalmente, ¿cuál es tu propósito último?

—Seguirte a Ti.

Reflexión. Lo que no controlamos no debe perturbarnos. Nuestros verdaderos bienes residen en la voluntad y en vivir conforme a la razón y la virtud.

52

«¡Qué indignante pensar que los atenienses trataran así a Sócrates!». Esclavo, ¿por qué hablas de Sócrates de ese modo? Observa la realidad de lo ocurrido: el cuerpo de Sócrates fue arrastrado con violencia hasta prisión, le obligaron a beber cicuta y, finalmente, exhaló su último aliento. ¿Eso te sorprende? ¿Te parece injusto? ¿Por eso acusas a la divinidad? ¿Acaso crees que Sócrates no obtuvo ninguna compensación? ¿Dónde estaba, para él, el verdadero bien? ¿A quién deberíamos escuchar, a ti o a él? Y, ¿qué fue lo que él dijo? «Ánito y Meleto podrán darme muerte, pero no pueden dañarme». Y también dijo: «Si esa es la voluntad de la divinidad, que así sea».

Reflexión. El verdadero poder está en la integridad y la fidelidad a los principios. Frente a la adversidad, demostramos que nada externo puede alterar nuestra esencia.

53

No, muchacho, después de escuchar estas palabras, regresa a casa y reflexiona para ti mismo sobre lo siguiente: «No ha sido Epicteto quien me ha transmitido este mensaje; ¿cómo podría haberlo hecho? Ha sido una fuerza superior, una deidad benevolente, la que ha hablado a través de él. Porque Epicteto, que no suele hablar así a nadie, no lo habría dicho por sí mismo. Así que escuchemos la voz de la divinidad y no incurramos en su cólera».

Si un cuervo te lanza un graznido que parece una señal, no es el cuervo quien te habla, sino esa fuerza que trasciende todo lo que conocemos, que se manifiesta a través de él. Y si el mensaje llega por medio de una voz humana, ¿te atreverías a creer que es solo el hombre quien te habla, ignorando el poder divino que se expresa a través de él? Esa fuerza comunica su mensaje de diversas formas a cada persona, y en los asuntos más importantes, escoge al mensajero más adecuado.

¿No es precisamente esto lo que expresa el poeta en su verso?: «Ya le hablé Yo mismo y envié a Heracles, el que ve de lejos, para advertirle que ni matara al esposo ni pretendiera a su esposa».

Reflexión. Las lecciones de la vida pueden venir de muchas fuentes: un maestro, la naturaleza o una voz interna. Debemos interpretarlas como guías que nos orientan siempre hacia el bien.

54

De manera similar, mi amigo Heráclito, en una disputa menor sobre un pequeño terreno ubicado en Rodas, primero demostró ante los jueces que su causa era justa. Luego, al finalizar el juicio, exclamó: «No voy a suplicarles, ni me importa su veredicto. ¡Son ustedes los que están siendo juzgados, no yo!». Y así dio por concluido el caso.

Reflexión. La justicia y la paz nacen de la fidelidad a uno mismo y de actuar con integridad, sin dejarse influir por las opiniones o juicios ajenos.

55

Nos comportamos como ciervos que, al asustarse con las plumas del cazador, huyen sin rumbo y acaban lanzándose directamente a las redes, confundiendo aquello que deberían temer con lo que en realidad no es peligroso. [...] Así también nosotros no debemos temer a la muerte o al dolor, sino al miedo que estos nos inspiran. Bien lo expresó el poeta: «No es terrible morir, sino hacerlo de modo deshonroso».

Reflexión. El verdadero temor no radica en la muerte o el dolor, sino en dejar que el miedo irracional nos domine. La valentía está en enfrentar lo inevitable con serenidad y dignidad.

56

¿Por qué consideramos algunas cosas externas como naturales y otras como contrarias a la naturaleza? Esto sucede cuando nos percibimos a nosotros mismos como seres independientes. Por ejemplo, podríamos pensar que es natural que un pie esté limpio, pero si entendemos al pie como parte del cuerpo, le corresponderá, si es necesario, caminar sobre barro, pisar espinas e incluso ser amputado en beneficio del conjunto; de lo contrario, dejaría de ser un pie. Algo similar debemos pensar sobre nosotros mismos.

¿Qué eres? Un ser humano. Si te ves como algo absoluto, entonces es natural que desees salud, riqueza y una vida larga. Pero, si te reconoces como parte de un Todo, entonces, por el bien de ese Todo, puede tocarte enfermar, afrontar peligros, atravesar privaciones o incluso morir antes de tiempo. ¿Por qué enojarse entonces? ¿No comprendes que, al igual que el pie separado del cuerpo deja de ser un pie, tú también, si te apartas del Todo, dejas de ser un ser humano?

Porque ¿qué es un ser humano? Es parte de una comunidad: primero, de la Comunidad universal de dioses y hombres; y luego, de la comunidad más cercana a ti, que no es más que un reflejo de esa Comunidad universal. ¿Te toca ahora ser juzgado? ¿A otro le toca tener fiebre, a otro navegar, a otro morir, a otro ser condenado? Es inevitable que, en este cuerpo, en estas circunstancias y junto a estos compañeros de vida, cada uno de nosotros enfrente alguna de estas situaciones. Así que tu tarea es aceptar estas experiencias como corresponde y ajustarte a la naturaleza de cada una.

Reflexión. Aceptar nuestro lugar en el universo nos permite ver cada experiencia como parte de un equilibrio mayor, hallando paz al entender que todo tiene su propósito.

57

Diógenes respondió con gran sabiduría a quien le pedía cartas de recomendación: «Que eres un ser humano, cualquiera lo verá con solo mirarte. Si eres bueno o malo, lo sabrá si tiene habilidad para distinguirlo. Pero si no la tuviera, ni aunque yo le escribiera mil cartas no lo descubriría». Es como si una moneda de plata pidiera que alguien la recomendara para probar su autenticidad. Si su aleación es genuina, se acreditará por sí misma.

Reflexión. La autenticidad se refleja en nuestras acciones y carácter. Quien sabe discernir reconocerá el verdadero valor de una persona sin depender de palabras ajenas.

58

Así como el viajero que pregunta por su camino, sin inclinarse por el de la derecha o el de la izquierda, sino que solo busca el que lo lleve a su destino, también nosotros deberíamos acercarnos a la voluntad superior como a un guía, aceptando lo que se nos presenta sin imponer nuestras preferencias. En cambio, nos aferramos con temor y suplicamos: «¡Ten compasión! ¡Sácame de esta situación!». Sería más sabio aceptar lo que nos ocurre como lo mejor posible. ¿Acaso puede haber algo superior a la voluntad universal? Intentar desviar al mejor de nuestros consejeros es tratar de alterar el curso natural, alejándonos de lo que es verdaderamente bueno para nosotros.

Reflexión. Aceptar con serenidad las dificultades que la vida presenta nos conecta con el orden natural, confiando en que todo, en última instancia, contribuye a nuestro bienestar.

59

La divinidad es, por naturaleza, bondadosa. Y dado que el bien también lo es, parece lógico que donde reside la esencia divina, ahí también se encuentre la verdadera esencia del bien. ¿Y cuál es esa esencia? ¿La carne? ¡No! ¿La fama? ¡Tampoco! La verdadera esencia está en la inteligencia, la sabiduría y el pensamiento correcto. Así que busca el bien en esos mismos principios. Si el bien reside en lo racional, ¿por qué seguir buscando en otra parte en lugar de enfocarte en lo que diferencia a los seres racionales de los irracionales?

Reflexión. La esencia humana se encuentra en nuestra capacidad de razonar y actuar con virtud, lo que nos distingue de lo irracional y nos conecta con nuestra naturaleza más elevada.

60

Busca la verdadera esencia del bien en aquello que afirmas que es bueno. ¿Pero, acaso no son otros aspectos de la vida también obra de lo divino? Lo son, pero no son primordiales ni partes de esa esencia. Tú, en cambio, eres algo distinto: dentro de ti llevas una chispa de divinidad, una porción de su naturaleza.

¿Por qué, entonces, no reconoces tu noble origen y recuerdas de dónde provienes? ¿No ves que cuando comes, descansas, trabajas o conversas, estás nutriendo y fortaleciendo esa parte divina dentro de ti? ¿O piensas que me refiero a algo externo, hecho de plata o de oro? No, esa esencia vive en tu interior, y sin darte cuenta, la contaminas con pensamientos y actos indignos. Si un símbolo visible de la divinidad estuviera ante ti, te abstendrías de ciertas conductas. Sin embargo, cuando la divinidad misma habita en tu interior, observando y escuchando cada uno de tus pensamientos y acciones, ¿cómo no sientes vergüenza de lo que piensas y haces? ¿Por qué no reconoces tu naturaleza y honras lo divino que te habita?

Reflexión. La grandeza auténtica nace al reconocer nuestra parte más elevada y vivir en coherencia con ella. Actuar con virtud honra nuestra capacidad de razonar y refuerza nuestra integridad.

61

¿Por qué, entonces, cuando un joven sale al mundo tras sus estudios, tememos que actúe de forma inadecuada, que coma en exceso, que se involucre en relaciones impropias, que sienta vergüenza por vestir humildemente o que se enorgullezca por lucir ropas lujosas? Eso revelaría que no reconoce la divinidad en su interior, esa presencia que lo acompaña en cada paso que da.

Si fueras una estatua de Fidias, una Atenea o un Zeus, recordarías tanto tu grandeza como la destreza de tu creador, y procurarías no deshonrar ni al artista ni a ti mismo, ni presentarte de forma indigna ante los demás. Sin embargo, siendo que quien te ha formado es la divinidad misma, ¿por qué no te preocupa cómo te muestras al mundo? Pues esa divinidad no solo te ha creado, sino que te ha confiado a ti mismo, poniéndote bajo tu propia responsabilidad, con razón y discernimiento, para que vivas en armonía con la naturaleza, manteniéndote fiel, íntegro, sin temor ni perturbación.

¿Podrías entonces decir que también estás libre de enfermedad, vejez o muerte? No, pero puedes aceptar esas experiencias como lo haría un dios: con dignidad y serenidad.

Reflexión. Reconocer y honrar nuestra esencia nos permite vivir con dignidad y virtud. Aceptar lo incontrolable y enfrentar cada situación con serenidad refuerza nuestra fortaleza interior.

62

Según Diógenes, ningún esfuerzo es verdaderamente valioso si no se orienta a fortalecer el alma, cultivando el coraje y la fortaleza interior, más que la fuerza física. El auténtico trabajo es aquel que forja la esencia del ser, pues esta, y no el cuerpo, es la que nos guía en las pruebas de la vida.

Reflexión. El valor de nuestras acciones está en fortalecer la mente y el espíritu, permitiéndonos afrontar las adversidades con integridad y sabiduría.

63

Un buen guía, al encontrar a alguien perdido, lo orienta de nuevo en el camino correcto sin burlarse ni marcharse dejando al otro en su confusión. Del mismo modo, cuando encuentres a alguien sin conocimiento, enséñale con sinceridad, y verás que te comprende. Pero si no logras transmitirle la verdad, no te burles de su ignorancia; más bien, reflexiona sobre tu propia incapacidad.

Reflexión. Guiar a otros requiere empatía y humildad. Si no logramos ayudar, debemos examinar con honestidad nuestra capacidad y disposición para servir.

64

Sobre todas sus cualidades, Sócrates poseía una virtud singular: mantenía la calma en toda conversación, sin insultar ni responder con dureza; más bien, soportaba las ofensas, y con ello, apaciguaba el conflicto. Si deseas apreciar la magnitud de esta habilidad, puedes leer el Banquete de Jenofonte y ver cuántas disputas logró disipar con serenidad. Los poetas reconocían el valor de esta cualidad, diciendo: «Con rapidez y sabiduría resolvía hasta las disputas más amargas».

Sin embargo, este enfoque no siempre es seguro, especialmente en Roma. Cuestionar a alguien poderoso puede acarrear consecuencias. Imagina que le preguntas a una persona influyente:

—¿En quién confías para el cuidado de tus caballos?

—En alguien que sepa cuidarlos —responderá.

—¿Y para tu dinero o tus bienes?

—También en alguien experimentado.

—¿Y para tu cuerpo? ¿Lo pones en manos de cualquiera?

—No, solo en alguien capacitado, como un entrenador o médico.

Entonces pregúntale: «¿Y tu alma? ¿La consideras de menos valor que tu cuerpo o tus riquezas?». Y es en este punto donde pueden surgir los riesgos. Es posible que el individuo, molesto, te responda: «¿Y a ti qué te importa?» o reaccione con enojo. Al principio, admiraba esta forma de cuestionar, pero con el tiempo comprendí cuán peligrosa puede ser en manos inadecuadas.

Reflexión. La sabiduría no reside únicamente en lo que expresamos, sino en la forma en que elegimos comunicarlo.

65

Un joven presumía en el teatro diciendo: «Soy sabio porque he conversado con muchos sabios». A esto, Epicteto le respondió: «Yo también he hablado con muchos ricos, pero eso no me ha hecho rico».

Reflexión. La sabiduría no proviene solo de la compañía de personas sabias, sino de cultivarla y aplicarla en nuestra propia vida.

66

Observamos que un carpintero se convierte en carpintero a través del aprendizaje y la práctica de ciertas habilidades, y lo mismo ocurre con un piloto. Ahora bien ¿acaso no solemos pensar que para ser buenos y honrados basta con desearlo? No, para eso también es esencial aprender y practicar ciertos principios. La filosofía nos enseña, en primer lugar, a reconocer la existencia de lo divino y su providencia en el universo, así como que nuestros pensamientos y acciones están siempre bajo su mirada. De este modo, para honrar lo divino, debemos aspirar a parecernos a su naturaleza: si lo divino es leal, nosotros también debemos serlo; si es libre, ser libres; si es bondadoso, ser bondadosos; si es magnánimo, ser magnánimos. Seguir lo divino significa reflejar sus virtudes en cada palabra y acto.

Reflexión. La virtud, como cualquier habilidad, exige aprendizaje y práctica. La bondad y el honor no nacen del deseo, sino del esfuerzo constante por vivir según principios y valores.

67

Si te muestro que careces de aquello que es fundamental para alcanzar la felicidad y que, hasta ahora, has puesto atención en todo menos en lo más esencial; y si además te hago ver que no sabes realmente qué es la divinidad, qué es el ser humano, o qué es el bien y el mal, ¿lo aceptarías? Probablemente podrías soportar saber que ignoras muchas otras cosas, pero ¿cómo reaccionarías al saber que no te conoces a ti mismo? En lugar de aceptarlo, probablemente te sentirías ofendido. Y, sin embargo, ¿qué daño te he hecho? ¿O acaso el espejo daña a quien no quiere ver su reflejo, o el médico insulta a su paciente cuando le señala su enfermedad? Nadie llama a esto una ofensa. Sin embargo, si te digo: «Tus deseos son febriles, tus juicios son superficiales, y tus impulsos están en desacuerdo con la naturaleza», seguramente te irás diciendo: «Me ha insultado».

Reflexión. La sabiduría está en recibir la crítica sincera como una oportunidad para conocernos y crecer, en vez de rechazarla al enfrentarnos a nuestras propias debilidades.

68

La vida se asemeja a una gran feria. Rebaños de ganado se exhiben para ser vendidos, y la mayoría de las personas se concentran en comprar y vender. Solo unos pocos se acercan con el propósito de observar y comprender el sentido de este evento; pocos son los que se preguntan por qué se celebra, quién lo ha estableció y con qué propósito. De manera similar, en esta feria de la vida, la mayoría, como el ganado, se preocupa solo por lo material: propiedades, cargos y todo lo que es superficial, sin considerar su verdadero propósito.

Pocos son los que buscan contemplar el universo y comprender al Administrador de esta vasta y hermosa creación. Si ninguna ciudad o ningún hogar pueden mantenerse sin alguien que vele por ellos, ¿cómo podría el universo funcionar sin propósito o dirección? Así, debe existir un Administrador. ¿Quién es? ¿Cuál es su naturaleza? ¿Quiénes somos nosotros, sus criaturas, y qué propósito tenemos? ¿Existe realmente un vínculo entre Él y nosotros?

Estos pocos dedican su tiempo a observar y a reflexionar sobre la feria de la vida antes de partir. Mientras tanto, la multitud, absorta en lo inmediato, se burla de ellos, igual que los comerciantes. Incluso los animales, si pudieran, se reirían de aquellos que ven más allá del forraje.

Reflexión. Los sabios profundizan en el sentido de la vida y su conexión con el universo, mientras la mayoría se enfoca solo en lo material, ignorando lo trascendental.

69

Creo que, al fin, comprendo lo que significa el dicho común: «Al necio no se le puede convencer ni corregir». ¡Ojalá nunca tenga como amigo a un necio que se crea sabio! No hay nada más intransigente. «Mi decisión es inquebrantable», suelen decir, como los locos. Y cuanto más firmes se aferran a sus errores, más ayuda necesitan.

Reflexión. El necio, al rechazar la razón, requiere más ayuda que nadie. La sabiduría demanda apertura y humildad para reconocer y corregir los propios errores.

70

«¡Cuándo volveré a ver Atenas y su Acrópolis!».

¡Desdichado! ¿No puedes contentarte con las maravillas que tienes cada día ante tus ojos? ¿Existe acaso algo más majestuoso que el Sol, la Luna y las Estrellas, o la vasta Tierra y el Mar? Si comprendes a quien administra el universo y llevas ese conocimiento dentro de ti, ¿aún anhelarías simples fragmentos de piedra o roca? Cuando llegue el momento de despedirte de la misma luz del Sol y la Luna, ¿llorarás como un niño?

Entonces, ¿qué es lo que has aprendido en la escuela? ¿Qué sentido tiene llamarte filósofo? Sería más honesto que dijeras: «He memorizado algunos textos y leído a Crisipo, pero aún no he rozado la esencia de la filosofía».

Reflexión. Valora lo que tienes ante ti, pues las maravillas del universo superan cualquier anhelo pasajero. Aprende a encontrar grandeza en lo presente, sin necesidad de apegos.

71

Amigo, recuerda el dicho: «Renuncia a todo por la libertad, la paz interior y la grandeza de espíritu». Alza la vista, como quien se libera de la esclavitud, y atrévete a mirar hacia lo divino, diciendo: «A partir de ahora, guíame como desees; Tú y yo somos uno. Estoy en Tus manos y acepto lo que consideres para mí. Hazme líder o súbdito, rico o pobre, y yo lo justificaré ante todos, mostrando la verdadera naturaleza de cada cosa».

¿Qué habría sido de Heracles si se hubiera quedado en casa? No habría sido Heracles, sino Euristeo, su contrario. Al recorrer el mundo, Heracles hizo muchos amigos, pero nadie fue más querido para él que la divinidad; por eso se le consideraba su hijo. Y obedeciéndole, liberaba al mundo de la injusticia y el caos.

Si dices que tú no eres Heracles ni puedes liberar a los demás de sus males, al menos puedes, como hizo Teseo en Ática, liberar tu propia mente de sus monstruos. No de ladrones ni bestias, sino del miedo, del deseo, de la envidia, del rencor, de la avaricia, de la indulgencia y del exceso. Solo podrás erradicar estos males con tu mirada fija en lo divino y consagrándote a sus designios.

Si eliges otro camino, vagarás siempre gimiendo y lamentándote, buscando la dicha fuera de ti, sin encontrarla jamás, pues la buscas donde no está y la ignoras donde sí habita.

Reflexión. La libertad y la paz interior nacen al liberar la mente de deseos y temores, enfocándonos en lo esencial y aceptando con nobleza lo que la vida nos brinda.

72

Si alguien desea seguir el camino de la filosofía, su primera tarea es deshacerse de la arrogancia. Mientras alguien piense que ya lo sabe todo, le será imposible comenzar a aprender.

Reflexión. La verdadera sabiduría comienza con la humildad.

73

Dame tan solo un joven que venga a la Escuela con verdadera determinación de aprender, alguien que se presente como defensor de este propósito y diga: «Renuncio a todo lo demás; solo quiero vivir libre de obstáculos y preocupaciones; levantar la cabeza con dignidad y enfrentar el mundo como un hombre libre; mirar al cielo como un amigo de lo divino, sin temor a lo que suceda». Si encuentras a alguien así, podré decirle: «Entra, joven, recibe lo que te pertenece, pues has nacido para ennoblecer la filosofía. Son tuyos estos conocimientos y enseñanzas».

Y cuando este discípulo se haya ejercitado en esta primera tarea, espero que regrese y me diga: «Deseo liberarme de pasiones y perturbaciones; deseo con fervor vivir una vida piadosa y filosófica, conocer mi deber hacia lo divino, hacia mis padres, mis hermanos, mi país y los demás».

Entonces le diré: «Emprende la segunda parte de tu formación; pues también te pertenece».

Y si este joven volviera y me dijera: «He dominado la enseñanza; ahora solo deseo mantenerme firme e inquebrantable, con una serenidad igual al dormir que al despertar, tan firme en la alegría como en la tristeza», entonces yo le diré: «Amigo mío, eres verdaderamente alguien con un propósito elevado, casi un dios, y tus aspiraciones son realmente nobles».

Reflexión. El verdadero estudiante de filosofía aspira a la transformación interna, viviendo con serenidad, dignidad y propósito, superando sus pasiones y afrontando la vida con sabiduría y libertad.

74

Epicteto dijo: «La cuestión aquí no es menor; se reduce a esto: ¿somos verdaderamente sensatos y conscientes, o no?».

Reflexión. La sabiduría implica la reflexión constante sobre lo que somos y hacemos.

75

Si has cedido ante la ira, recuerda que, además del daño que esta provoca, también has fortalecido el hábito de enfurecerte, alimentando el fuego de ese impulso. Si has sucumbido ante una tentación física, no lo consideres una simple derrota, sino que también has reforzado tus inclinaciones desmedidas. Los actos generan hábitos, y lo que antes no existía comienza a crecer y a consolidarse.

Así explican los filósofos cómo las debilidades se afianzan: basta con desear dinero una vez para encender la avaricia, a menos que la razón intervenga y nos haga ver el error. Sin un remedio, la mente se inclina más fácilmente hacia el deseo cada vez que surge la tentación, y al repetirse, el hábito se incrusta y forma un carácter avaro. Como alguien que ha padecido fiebre, aunque sane, no queda igual que antes a menos que se recupere por completo. Algo similar sucede con las heridas del alma: dejan marcas y cicatrices, que, si no se curan, se transforman en llagas permanentes cuando se las vuelve a golpear.

Si deseas evitar la propensión a la ira, no alimentes el hábito; no le des razones para fortalecerse. Para ello, al principio guarda silencio y cuenta los días que lograste evitar enfadarte: «Antes me enojaba cada día, luego cada dos días, luego cada tres días». Y si logras pasar un mes sin enfurecerte, haz una ofrenda en agradecimiento.

Reflexión. Nuestras acciones forman hábitos que moldean el carácter. No basta con evitar una transgresión, debemos frenar los impulsos negativos antes de que definan nuestra naturaleza.

76

¿Cómo puede lograrse esto? Decide, al menos una vez, ser digno de tu propio respeto; busca ser honesto en consonancia con lo más noble que hay dentro de ti. Anhela una pureza que esté en armonía con tu esencia más elevada.

Reflexión. El cambio comienza con una decisión interna: actuar de acuerdo con nuestros valores más elevados.

77

Ese es el verdadero luchador: aquel que se entrena para resistir las impresiones externas sin dejarse llevar. ¡Resiste, sereno, y no te dejes arrastrar! Grande es el combate, noble la tarea. Peleamos por el dominio de nuestra mente, por la libertad, la felicidad y la serenidad. Recuerda la fuerza que llevas dentro y confía en ella como en un aliado constante que te respalda en esta lucha.

Reflexión. La fortaleza radica en resistir las propias impresiones y mantener la serenidad confiando en nuestra fuerza interior.

78

¿Quién es, entonces, un verdadero estoico? Así como una estatua de Fidias refleja la maestría de su creador, mostradme a alguien cuya vida refleje las enseñanzas que proclama. Alguien que, aun enfermo, desterrado o despreciado, permanezca sereno. ¡Enseñádmelo! Anhelo ver a un auténtico estoico. Pero, si no podéis mostrarme a alguien plenamente formado, mostradme al menos a alguien en ese proceso, alguien inclinado hacia ese ideal ¡Hacedme ese favor! No se lo neguéis a un anciano que aún no ha contemplado tal visión.

¿Creéis que deseo ver estatuas de Zeus o Atenea decoradas con oro y marfil? No, lo que deseo es ver un alma humana que aspire a vivir en armonía con el universo, que no culpe ni a los dioses ni a los hombres, que no sucumba ante la dificultad, la ira, la envidia ni la rivalidad. En pocas palabras, quiero ver a alguien que aspire elevarse más allá de lo humano y a encontrar en lo cotidiano una comunión con lo trascendente. ¿Acaso me podéis mostrar a alguien así? Si no podéis, ¿por qué engañaros a vosotros mismos y a los demás? Camináis por el mundo vistiendo una apariencia ajena, como ladrones de nombres y virtudes que no os corresponden.

Reflexión. La virtud no se refleja en las apariencias, sino en la capacidad de conservar serenidad y armonía, fruto de una profunda transformación interna.

79

Si has asumido un papel que excede tus capacidades, no solo has representado mal ese papel, sino que también has descuidado aquel que sí está a tu alcance.

Reflexión. Al intentar ser algo que no podemos, descuidamos nuestras verdaderas fortalezas y oportunidades de crecimiento.

80

Compañero, vienes aquí después de haber discutido en casa y causado alboroto entre los tuyos y el vecindario. Y ahora, te presentas ante mí, aparentando dignidad y criticando mis palabras como si fueras un sabio. Llegas lleno de envidia, abatido porque en tu hogar no te prestan la atención que deseas, y más preocupado por lo que dirán de tu progreso tu hermano y tu padre que por atender la lección. «¿Qué estarán pensando de mí en este momento? Creen que estoy progresando y que regresaré sabiéndolo todo», piensas. Quizá te gustaría regresar algún día con todo aprendido, pero eso requiere mucho esfuerzo. Sin embargo, nadie te envía nada desde casa, los baños en Nicópolis están sucios... ¡Todo parece ir mal, tanto aquí como allí!

Y después, os quejáis diciendo: «Nadie obtiene provecho en la escuela». Pero dime ¿quién llega aquí con el sincero deseo de transformarse? ¿Quién quiere cuestionar sus creencias y hacerse consciente de sus carencias? Así que, ¿de qué os sorprende salir de aquí en el mismo estado en el que llegasteis?

Reflexión. El aprendizaje requiere sinceridad y un deseo genuino de cambio. Sin una disposición auténtica, la transformación profunda resulta imposible.

81

Epicteto, una vez más, fue abordado por un hombre que le dijo: «He venido muchas veces con el deseo de escucharte, pero nunca has respondido. Ahora, si es posible, te ruego que me digas algo».

—¿Crees acaso —respondió Epicteto— que hay un arte para hablar, como lo hay para otras disciplinas, para hacerlo con habilidad y beneficio para quien escucha?

—Sí —respondió el hombre.

—¿Y todos se benefician por igual al escuchar, o solo algunos? Entonces, parece que también hay un arte en el escuchar. Observar bien una estatua requiere habilidad, igual que esculpirla.

—Es cierto —admitió el hombre.

—Entonces ¿no coincidimos en que quien pretende escuchar provechosamente a un filósofo también debería saber cómo hacerlo? Dime, ¿de qué tema estás preparado para oír?

—Sobre el bien y el mal.

—¿Pero del bien y el mal de qué? ¿Del caballo, del buey?

—No, del ser humano.

—¿Sabes entonces qué es un ser humano, cuál es su naturaleza y el concepto que tenemos de él? ¿Has trabajado en comprender la naturaleza, en argumentar de manera lógica y coherente y en saber cómo distinguir lo verdadero de lo falso? Si no es el caso, ¿cómo podría ayudarte la filosofía? Muéstrame, pues, ¿qué sentido tendría dialogar contigo? Al igual que una oveja se siente atraída por la hierba, los sabios sienten natural inclinación a hablar cuando encuentran un oyente digno, uno que despierte su espíritu. Pero si estás ahí, inmóvil como una piedra o un trozo de pan, ¿cómo podrías inspirar en mí esa inclinación?

—¿Entonces no me dirás nada? —insistió el hombre.

—Solo puedo decirte que alguien que no sabe quién es, para qué ha nacido, qué clase de mundo habita y con quién está en él; quien no puede distinguir el bien del mal, lo hermoso de lo feo, lo verdadero de lo falso, nunca podrá orientar su vida ni tomar decisiones sabias. Irá por la vida ciego y sordo, creyendo ser algo, cuando en realidad no es nada. ¿Hay algo nuevo en esto? ¿No es acaso esta ignorancia la causa de todos los errores y desventuras de los hombres desde el inicio de la humanidad?

Esto es todo lo que tengo que decirte —prosiguió Epicteto—, y lo digo sin demasiado entusiasmo. ¿Por qué? Porque no has despertado mi espíritu. ¿Qué puedo ver en ti que me inspire, como un caballo enérgico conmueve a un buen jinete? ¿Tu cuerpo? Lo tienes descuidado. ¿Tu vestimenta? También denota superficialidad. ¿Tu expresión, tu mirada? Nada en absoluto. Cuando desees escuchar a un filósofo, no le reproches diciendo: «No me has dicho nada». Simplemente, muestra que eres digno y capaz de escuchar, y verás cómo te inspiras a ti mismo y a él para que te hable.

Reflexión. La sabiduría no llega solo con desearla; requiere compromiso, autoconocimiento y una disposición activa que motive al maestro a compartir su conocimiento.

82

Y ahora, cuando veas a hermanos o amigos en aparente armonía, no te apresures a juzgar su amistad, aunque juren ser inseparables. El pensamiento de una persona sin principios es incierto, cambiante y dominado por impresiones pasajeras. No te fijes si nacieron de los mismos padres, crecieron juntos o compartieron tutor. Pregúntate más bien dónde colocan su verdadero valor: ¿en lo externo o en su voluntad interna?

Si su interés está en lo externo, no los consideres amigos, y mucho menos fieles, valientes o libres, pues, en realidad, ni siquiera reflejan la verdadera naturaleza humana. La deslealtad, los conflictos y los actos crueles provienen de aquellos que ponen su valor en cosas fuera de su control, llevándolos a competir y dañar a otros en busca de poder, placer o posesiones.

Pero si escuchas que estas personas sitúan su bien en el dominio de su voluntad y en un trato virtuoso con el mundo, entonces no te molestes en averiguar si son parientes o viejos amigos; puedes afirmar con seguridad que son amigos fieles, justos y leales. Porque, ¿dónde más puede residir la verdadera amistad, sino en un espacio compartido de lealtad, respeto y entrega al bien?

Reflexión. La amistad se fundamenta en la lealtad, el respeto y el compromiso con el bien común, priorizando los valores internos sobre los lazos externos o las posesiones.

83

Todo lo que depende de nuestro libre albedrío está en nuestras manos; nadie puede arrebatárnoslo ni forzarnos a aceptar lo que rechazamos.

Reflexión. Nadie puede quitarnos aquello que está bajo el control de nuestra voluntad, como nuestras respuestas y actitudes.

SECCIÓN
II

84

Cuando la enfermedad y la muerte me alcancen, desearía estar serenamente ocupado en liberar mi voluntad de las pasiones, los obstáculos, el resentimiento y la esclavitud de los deseos. Quisiera que, llegado ese momento, pudiera decir en voz alta: «¿Acaso he transgredido en algo tus designios? ¿He pervertido las facultades, los sentidos o los principios naturales que me diste? ¿He alterado mi forma de percibir o de entender? ¿Alguna vez te he reprochado o cuestionado? Cuando enfermé, lo acepté con la misma serenidad que otros; cuando perdí bienes, también me sentí en paz. No ocupé cargos porque no era tu voluntad. ¿Acaso me viste abatido por ello? Al contrario, permanecí sereno, atento a tus señales, dispuesto a cumplir tu voluntad. Si ahora quieres que me retire de esta gran Asamblea de los hombres, me iré, agradecido de haber compartido este mundo, de haber visto tus obras y comprendido tu guía».

Este deseo quisiera que ocupara mis pensamientos, mi pluma y mi estudio cuando la muerte me alcance.

Reflexión. La serenidad se alcanza aceptando el curso de la vida con gratitud, liberando nuestra voluntad de pasiones y deseos, y centrando nuestra atención en lo que realmente depende de nosotros.

85

«No veo en qué otra cosa se ocupan los filósofos». ¿Te parece poca cosa vivir sin reprochar nada, ni a los dioses ni a los hombres, sin censurar a nadie, manteniendo siempre la misma actitud serena al salir como al entrar? Esto era lo que comprendía Sócrates, aunque jamás afirmó poseer o enseñar conocimiento alguno. [...] ¿Quién entre vosotros realmente persigue ese propósito? Si de verdad lo hicierais, aceptarías no solo la enfermedad, sino también el hambre e incluso la muerte, con serenidad y dignidad.

Reflexión. Una verdadera disposición filosófica nos enseña a afrontar la vida con serenidad y aceptación, evitando reproches y resistencias, mientras preservamos la dignidad y la virtud ante cualquier circunstancia.

86

¿Cómo nos ha constituido la Naturaleza? Para ser libres, nobles y respetuosos. ¿Qué otro ser vivo, además del ser humano, es capaz de sonrojarse o de sentir el peso de la vergüenza? Debemos subordinar el placer a estos ideales, poniéndolo al servicio de nuestra esencia, para que despierte nuestro anhelo y nos sostenga en las acciones que están en armonía con lo que realmente somos.

Reflexión. El propósito de la vida es alinearnos con principios de libertad y nobleza, cultivando carácter e integridad, en armonía con la esencia de nuestra verdadera naturaleza.

87

El labrador se ocupa de la tierra; los médicos y masajistas, del cuerpo; el hombre bueno y honrado, de su propia mente.

Reflexión. La tarea del ser humano es cultivar y cuidar su mente, orientándola con la razón y la virtud.

88

¿Quién de nosotros no admira lo que hizo Licurgo, el espartano? Un joven lo había agredido, dejándolo ciego de un ojo, y el pueblo le dio permiso para castigarlo a su antojo. Sin embargo, Licurgo se abstuvo de cualquier venganza. En lugar de eso, educó al joven hasta convertirlo en una persona íntegra y digna. Entonces, lo presentó públicamente en el teatro y, ante la sorpresa de los espartanos, dijo: «Recibí a este joven de vuestras manos lleno de violencia e insolencia. Os lo devuelvo convertido en un ciudadano sensato y apto para servir a su comunidad».

Reflexión. Responder a las ofensas con compasión y sabiduría demuestra grandeza, pues corregir con bondad a quien ha errado es más noble que buscar venganza.

89

Así como el cambista o el vendedor de hortalizas no pueden rechazar la moneda del César y, al recibirla, deben entregar su mercancía, lo mismo ocurre con el alma. Cuando percibe el bien, se inclina hacia él; cuando se le presenta el mal, se aparta. El alma nunca rechazará una impresión clara del bien, del mismo modo que nadie rechaza la moneda del César. Esta inclinación natural guía todo impulso, tanto en el ser humano como en el universo.

Reflexión. La naturaleza humana y la del cosmos se orientan instintivamente hacia lo correcto, buscando siempre el equilibrio y la armonía en sus acciones.

90

Cuando le preguntaron qué era el sentido común, Epicteto respondió: «Así como llamamos oído común al que permite distinguir sonidos, pero no tonos específicos, ya que esto requiere entrenamiento, también hay ciertos aspectos de la realidad que las personas, siempre que no estén totalmente desviadas, perciben través de principios compartidos por todos. A ese estado de percepción lo llamamos sentido común».

Reflexión. El sentido común es una facultad natural de la mente, una intuición básica que nos permite distinguir lo esencial sin requerir conocimientos especializados.

91

¡Eso no es gobernar a seres humanos! Gobierna tratándonos como seres racionales: muéstranos lo que es conveniente, y lo seguiremos; muéstranos lo que es dañino, y nos alejaremos. Haz que, como Sócrates hizo con sus discípulos, imitemos tus acciones. Él gobernaba con sabiduría, guiando el deseo, el rechazo, el impulso y la prudencia de quienes le rodeaban. Decir: «Haz esto; no hagas aquello; si no, te castigaré», no es un gobierno digno de seres racionales. En su lugar, di: «Haz esto, según dicta la razón y el orden natural, pues si no, sufrirás las consecuencias». ¿Y cuáles son esas consecuencias? Ninguna otra que la de no haber cumplido tu deber, debilitando en ti la lealtad, el respeto y el orden interior. ¡No busques mayores pérdidas que estas!

Reflexión. El verdadero líder inspira con la razón y el ejemplo, no con la fuerza. Su guía promueve en los demás un comportamiento basado en la virtud y el respeto.

92

«Su hijo ha muerto». ¿Qué ha sucedido? Que su hijo ha muerto. ¿Nada más? Nada más. «Perdió su barco». ¿Qué ha pasado? Que se ha hundido su barco. «Lo han metido en la cárcel». ¿Qué ha ocurrido? Que lo llevaron a prisión. Cada vez que consideramos una de estas cosas como un infortunio, es una interpretación personal que cada uno añade por su cuenta.

«Entonces, ¿el Universo es injusto» ¿Por qué tendría que serlo? ¿Por haberte hecho paciente y magnánimo? ¿Por haber establecido que tales cosas no sean verdaderos males? ¿Por permitirte ser feliz incluso en esas circunstancias? ¿Por dejarte siempre una puerta abierta, incluso cuando algo no te favorece? Amigo, ¡sal de aquí y deja de quejarte!

Reflexión. El sufrimiento no proviene de los hechos, sino de la interpretación que les atribuimos. Cambiar nuestra perspectiva transforma nuestra experiencia.

93

Ahora que navegas hacia Roma para obtener el cargo de gobernador de Cnosos, parece que no te basta con los honores que ya poseías, y buscas algo mayor y más vistoso. Dime: ¿cuándo emprendiste un viaje similar para reflexionar sobre tus propias ideas y deshacerte de aquellas que no son dignas de ti? ¿A quién consultaste con ese propósito? ¿Cuánto tiempo le dedicaste y en qué momento? Repasa tu vida, aunque solo sea para ti mismo, si te avergüenza hacerlo ante mí. Cuando eras niño, ¿te cuestionabas tus creencias? ¿No actuabas entonces igual que ahora? Y cuando fuiste joven, asistiendo a discursos y formándote, ¿qué pensabas que te faltaba? Y ya de adulto, cuando empezaste en la vida pública, participando en juicios y ganando prestigio, ¿quién te parecía que pudiese estar a tu altura? ¿Acaso habrías soportado que alguien examinara tus creencias para mostrarte en qué fallaban? Entonces, ¿qué esperas que te diga ahora?

«¡Ayúdame en este asunto!». No tengo reglas para eso. Si has venido a mí por esta razón, no vienes en busca de un filósofo, sino más bien de alguien como un verdulero o un zapatero.

«¿Y para qué sirven, entonces, los preceptos de los filósofos?». Pues para esto: para que nuestra razón esté en armonía con la naturaleza, pase lo que pase. ¿Te parece poca cosa? ¡Es lo más importante! ¿Aún piensas que se puede lograr en poco tiempo, como si fuera algo fácil? Si crees que es así, adelante.

Luego dirás: «Sí, conocí a Epicteto», igual que si hubieras visto una estatua o una piedra. Solo me viste, y nada más. Pero el verdadero encuentro entre personas ocurre cuando uno comprende las ideas del otro y comparte las propias. Así que, entiende mis ideas, muéstrame las tuyas, y entonces podrás decir que realmente trataste conmigo. Examinémonos mutuamente; y si tengo alguna idea errónea, ayúdame a desecharla, y si tú la tienes, sácala a la luz. Eso es lo que significa tratar con un filósofo.

Pero no, tú piensas: «Esto es solo cuestión de una breve visita. Aprovechemos mientras alquilamos el barco para ver a Epicteto y ver qué tiene que decir». Y después, al irte, exclamarás: «Epicteto es un simple charlatán, comete errores y habla de forma torpe». ¿Viniste aquí solo a juzgar los detalles superficiales, en lugar de buscar el verdadero propósito de la filosofía?

Reflexión. La filosofía no es un simple entretenimiento, sino un camino hacia la transformación interior. Exige compromiso y valentía para cuestionar nuestras creencias y alinear nuestras acciones con la virtud.

94

Te guste o no, eres más pobre que yo. «¿Y qué es lo que me falta?».

¡Te falta precisamente aquello que no posees: firmeza de ánimo, tal como la naturaleza lo dicta, y serenidad. Con o sin patrón, ¿a mí qué más me da? Pero a ti sí te importa. Soy más rico que tú porque no me consume la ansiedad por lo que el César pueda pensar de mí, ni tengo necesidad de adular a nadie. Eso es lo que poseo en lugar de vasijas de oro y plata. Quizá las tuyas sean de oro, pero tu razón, tus principios, tus juicios y tus deseos son de barro.

Reflexión. La verdadera riqueza no está en las posesiones materiales, sino en la firmeza de ánimo, la serenidad interior y el control sobre las propias emociones.

95

Para ti, todo lo que posees te parece insuficiente; para mí, lo mío es abundante. Tu ansia es insaciable; la mía, satisfecha. Es como cuando los niños meten la mano en un frasco estrecho para sacar higos y nueces: si la llenan demasiado, no pueden sacarla y terminan llorando. «Suelta algunos y podrás sacar el resto». Haz tú lo mismo: suelta el exceso de deseo; no anheles tanto, y así obtendrás lo que realmente necesitas.

Reflexión. La verdadera abundancia está en moderar los deseos y hallar satisfacción en lo esencial, más que en acumular bienes materiales.

96

Cuando Pítaco fue ofendido por alguien a quien fácilmente podría haber castigado, decidió dejarlo en libertad y dijo: «El perdón es superior a la venganza. Perdonar es señal de nobleza de espíritu; la venganza, en cambio, solo revela brutalidad».

Reflexión. Perdonar es un acto de grandeza.

97

«Mi hermano no debería haberme tratado así». Es cierto, pero esa es su responsabilidad. La mía, en cambio, es tratarlo como corresponde. Lo que yo haga depende de mí; lo que él haga, no. Nadie puede impedirme actuar con rectitud; su conducta, en cambio, está fuera de mi control.

Reflexión. Nuestra responsabilidad recae en actuar con rectitud, sin depender de la conducta ajena, ya que únicamente tenemos control sobre nuestras propias acciones.

98

Debemos estar preparados para bastarnos a nosotros mismos y aprender a convivir en armonía con nuestro propio ser. Así como el cosmos habita en paz consigo mismo, contemplando su propio orden y sumergido en pensamientos que le son propios, también nosotros debemos ser capaces de dialogar interiormente, sin depender de otros ni necesitar distracciones. Observemos el orden natural y nuestra relación con los demás, examinemos cómo antes enfrentábamos los acontecimientos y cómo lo hacemos ahora; consideremos qué aspectos aún nos perturban y cómo podrían sanarse o superarse. Y si algo precisa perfeccionarse, hacerlo de acuerdo a la razón.

Reflexión. La paz interior surge del autoconocimiento, alcanzando orden y armonía a través del diálogo interno.

99

Quien convive estrechamente con otros, ya sea en conversaciones, distracciones o en la vida cotidiana, terminará inevitablemente adaptándose a sus costumbres o influyéndolos. Es como cuando colocas un tizón apagado junto a uno encendido: o bien el primero apaga al segundo o bien el segundo prende al primero. Por ello, conviene ser cauteloso en nuestras relaciones, recordando que quien trata con alguien cubierto de hollín, inevitablemente, se mancha también.

¿Qué harás cuando alguien hable de gladiadores, carreras, luchadores o, peor aún, critique o elogie a otros diciendo: «Este es malo, aquel es bueno; esto estuvo bien, eso mal?». ¿O si se burla, hace bromas o actúa con malicia? ¿Acaso alguien entre nosotros posee la destreza del músico que, al tocar la lira, reconoce y ajusta de inmediato las cuerdas desafinadas? ¿O la habilidad de Sócrates, quien siempre atraía a los demás a sus propias convicciones? No, más bien, nos dejamos arrastrar de un lado a otro por quienes carecen de instrucción.

¿Por qué ellos parecen tan fuertes y nosotros tan débiles? Porque ellos expresan sus creencias con absoluta convicción, aunque estén corrompidas, mientras que tus nobles ideales solo se quedan en palabras, sin vitalidad ni firmeza. Resulta doloroso escuchar tus exhortaciones y ver cómo hablas de la Virtud sin un compromiso real. Así es como los vulgares acaban imponiéndose, porque donde hay verdadera fuerza, la convicción acaba prevaleciendo.

Reflexión. Las influencias externas son inevitables, pero la fortaleza verdadera está en mantenernos fieles a nuestras convicciones, actuando con coherencia y firmeza frente a las corrientes que intentan desviarnos.

100

En general, cualquier disciplina aplicada al cuerpo, destinada a moderar sus deseos o aversiones, resulta beneficiosa si se practica con fines de autodominio. Sin embargo, si se hace para impresionar a los demás, solo delata a una persona que busca la aprobación externa y atraer la atención de quienes exclamarán: «¡Qué persona tan extraordinaria!». Por eso, Apolonio decía sabiamente: «Si realmente deseas ejercitarte para tu propio bien, espera un día caluroso en el que sientas mucha sed, toma un sorbo de agua fría, escúpelo... y no se lo cuentes a nadie».

Reflexión. El autodominio busca fortalecer la mente, no impresionar a otros. La virtud se cultiva en silencio, sin anhelar reconocimiento ni aprobación externa.

101

Comienza adoptando un modo de vida como si estuvieras enfermo, para que un día puedas vivir como alguien sano. Ayuna, bebe solo agua, renuncia por completo a determinados impulsos, de modo que, al final, tus deseos se alineen con la razón.

Reflexión. La moderación y el equilibrio, cuando se convierten en hábito, orientan tus deseos hacia lo razonable y en sintonía con tus valores más profundos.

102

¿Quieres hacer el bien a los demás? Entonces, muéstrales con tu ejemplo el tipo de persona que la filosofía puede forjar y abandona la palabrería. Ayuda a quienes comen contigo mientras comes; a quienes beben contigo mientras bebes, siendo tolerante, flexible y paciente. Así es como puedes ayudar de verdad, sin proyectar en ellos tus propios conflictos internos.

Reflexión. El servicio a los demás se expresa a través del ejemplo, demostrando virtud y serenidad en nuestras acciones y actitudes.

103

Así como los actores mediocres necesitan del coro para sostenerse, también hay quienes no pueden avanzar sin compañía. Amigo, si eres alguien, atrévete a caminar en soledad y a dialogar contigo mismo, en vez de diluirte entre la multitud. Explora en tu interior, observa con calma lo que te rodea y despierta; solo así podrás descubrir quién eres realmente.

Reflexión. Solo en el silencio y en la reflexión interna se revela nuestra esencia.

104

«¿Quiero vencer en los Juegos Olímpicos?». Bien, reflexiona en profundidad sobre lo que ello implica y los sacrificios que exige. Si, tras considerarlo a fondo, sientes que vale la pena, entonces emprende el camino. Deberás adoptar una vida rigurosa y disciplinada, abstenerte de placeres innecesarios, mantener una rutina inflexible de entrenamiento, indiferente al frío o al calor, y renunciar incluso a placeres sencillos como el agua fresca o el vino. En esencia, entregarás tu cuerpo y voluntad al entrenador, confiándole la dirección de tus esfuerzos, como quien pone su salud en manos de un médico. Y llegado el momento de competir, puede que termines cubierto de polvo, con un dolor agudo en la muñeca o el tobillo torcido, los pulmones llenos de arena… y, aún con todo, puede que la victoria no sea tuya.

Si después de estas reflexiones sigues sintiendo en tu interior el anhelo de ser atleta, sigue ese impulso; de lo contrario, estarás actuando como los niños, que un día sueñan con ser atletas, al siguiente gladiadores, luego músicos o actores, siempre fascinados por lo que les deslumbra en el momento. De este modo, te convertirás en alguien que hoy desea una cosa y mañana otra, sin entregar tu alma plenamente a nada, como el mono que imita lo que observa, encantado con lo nuevo y cansado de lo conocido. En realidad, jamás te habrás comprometido ni reflexionado profundamente sobre el sentido y las exigencias de cada vocación.

Muchos, al ver y oír a un filósofo, sienten el impulso de filosofar. Sin embargo, primero considera qué es la filosofía y si tu naturaleza está preparada para soportar su rigor. Si deseas ser luchador, examina tus hombros, tus músculos, tu resistencia, pues cada uno tiene su propio destino. ¿Crees que puedes filosofar sin transformar tu vida? ¿Esperas que podrás seguir comiendo, bebiendo, enojándote o frustrándote como siempre? La filosofía exige una vigilancia constante, la voluntad para superar deseos superficiales, el desapego de los lazos familiares y el coraje para soportar el desprecio y la burla, ocupando un lugar modesto en las esferas de poder y autoridad. Si, tras meditarlo bien, aceptas estas condiciones, entonces acércate a la filosofía, sabiendo que hallarás en ella serenidad, libertad e imperturbabilidad frente a las pruebas de la vida.

Reflexión. La verdadera vocación no nace de impulsos momentáneos, sino de un compromiso constante. Elegir un camino requiere reflexionar sobre sus desafíos y la preparación necesaria para enfrentarlos.

105

Y así, aunque los años pasen y el cuerpo envejezca, en esencia continuamos siendo como niños. En el ámbito musical, quien ignora este arte sigue siendo un niño en comprensión musical; entre los sabios, quien carece de formación permanece en la infancia del saber. Y en el arte de vivir, quien no alcanza una comprensión profunda de la existencia y sus complejidades sigue siendo, en esencia, como un niño, inmaduro tanto emocional como espiritualmente.

Reflexión. La madurez no depende de los años, sino del entendimiento profundo. Vivir plenamente exige una comprensión que trascienda la experiencia superficial y conecte con lo esencial.

106

«¿Es posible obtener algún provecho de los demás?». Sí, de todos. «¿Incluso de quien me insulta?». Por supuesto. Dime, ¿qué obtiene un atleta de su entrenador? Lo mejor: le ejercita en resistencia, en el dominio de su temperamento y en la paciencia. ¿Acaso quien fortalece mi cuello, mis hombros y mi espalda me hace bien, pero quien me entrena en la paciencia no? No saber extraer lo valioso de cada persona es no saber vivir. ¿Es malo mi vecino? Malo para él, pero bueno para mí, pues me brinda la oportunidad de ejercitar mi serenidad y amabilidad. ¿Mi padre actúa de manera indigna? Es perjudicial para él, pero beneficioso para mí. Así es la vara de Hermes, que toca cualquier cosa y la convierte en oro. Trae lo que desees —enfermedad, muerte, pobreza, críticas o juicios— y yo lo transformaré en provecho.

Reflexión. El verdadero desafío y la oportunidad de crecer están en la capacidad de encontrar valor y lecciones en cada situación y persona.

107

Hasta que esos sanos principios se afiancen en lo más profundo de tu ser y obtengas una fortaleza suficiente para preservarlos, te aconsejo que te acerques con cautela a aquellos que carecen de instrucción en estos temas. De lo contrario, lo que has aprendido en la escuela podría derretirse, como cera expuesta al sol. Resguarda, entonces, estos valores en un lugar donde puedan fortalecerse, lejos de influencias externas, mientras aún son frágiles y moldeables.

Reflexión. Consolidar nuestros principios es esencial antes de enfrentarlos a influencias adversas, asegurando que permanezcan sólidos y no sean fácilmente desviados.

108

Dado que se trata de un asunto importante, un misterio que no se revela a cualquiera ni de cualquier manera, debemos abordarlo desde una perspectiva distinta. Quizá no baste con poseer sabiduría para guiar a los jóvenes; también se requiere de cierta destreza y sensibilidad, una condición física adecuada para la tarea y, sobre todo, un guía interior que nos oriente en esa labor. Así como Sócrates fue llamado a cuestionar y corregir ideas equivocadas, Diógenes a ejercer una crítica noble y Zenón a enseñar y orientar moralmente, quien aspire a esta labor debe contar también con la capacidad de aplicar los conocimientos con precisión. Pero tú, sin más que algunos remedios en la mano, has abierto un consultorio, sin saber ni preocuparte demasiado por cuándo o cómo aplicarlos.

Reflexión. Aconsejar requiere más que conocimiento: demanda destreza, carácter y conciencia del propósito, pues solo con estas cualidades la enseñanza adquiere dirección y verdadero cuidado.

109

Si lo que te atrae son únicamente los principios abstractos, siéntate y reflexiona en silencio sobre ellos, pero no te llames a ti mismo filósofo, ni permitas que otros lo hagan. Di más bien: «Quien me llama así se equivoca, pues mis deseos e impulsos permanecen inalterados; mis reacciones son las mismas de siempre y no he alterado en nada mi manera de interpretar la realidad ni de responder a lo que me rodea».

Reflexión. La filosofía exige autocrítica y humildad; sin práctica ni cambios reales en nuestra vida, la fascinación teórica es solo autoengaño.

110

Cuando uno de sus conocidos, con inclinación hacia la filosofía, preguntó a Epicteto qué cualidades debía tener un verdadero filósofo y cuál era el propósito profundo de esa vida, Epicteto le respondió:

> Consideremos esto con calma. Por ahora, solo te diré que quien emprende tan elevada misión sin una guía profunda y un auténtico propósito interior, atrae sobre sí la desdicha y expone su dignidad al ridículo. Al igual que cuando uno entra en una casa bien ordenada, no se presenta diciendo: «Debería ser yo quien gobierne aquí», pues el dueño de la casa lo apartaría de inmediato y lo expulsaría, así sucede también en esta gran Ciudad que es el Mundo, donde también hay un Orden que rige todas las cosas con propósito.
>
> Por ejemplo, imagina que eres el Sol: en tu órbita, trazarás el año y las estaciones, harás crecer los frutos, controlarás los vientos y proporcionarás

calor a la humanidad. Cumplirás, pues, tu cometido y servirás a todos, desde lo más grande hasta lo más pequeño, de acuerdo con tu función. O imagina que puedes liderar un ejército contra Troya; en ese caso, serás Agamenón. O, si tienes el valor de enfrentarte a Héctor en combate singular, entonces serás Aquiles. Pero si Tersites, por pura arrogancia, pretendiera ocupar alguno de esos roles, o bien se lo impedirían, o bien su liderazgo solo le traería deshonra y humillación ante todos.

Reflexión. Conocer y aceptar el propio lugar en el orden natural permite actuar con sabiduría y modestia, en armonía con lo esencial.

111

Otros, cuando cometen ciertas acciones, pueden esconderse tras los muros, en el interior de las casas o en la oscuridad, usando múltiples recursos para pasar desapercibidos. Cierran puertas, colocan guardias frente a sus habitaciones y ordenan: «Si alguien pregunta, di que no estoy o que no tengo tiempo». Pero el verdadero filósofo no necesita nada de esto. En lugar de esconderse, debe cubrirse de modestia; de no hacerlo, quedará expuesto, desnudo y vulnerable, bajo la plena luz.

Para él, la modestia es su casa, su puerta, su guardián y su refugio.

Reflexión. La verdadera integridad se expresa con humildad y transparencia, sin excusas ni evasivas. La modestia es nuestra mejor defensa, protegiéndonos con dignidad y sinceridad

112

¿La muerte? Que llegue cuando deba, ya sea de todo mi ser o solo de una parte. ¿El destierro? ¿A dónde? ¿Acaso alguien puede arrojarme más allá de los límites del universo? ¡Imposible! Dondequiera que vaya, allí estarán el sol, la luna y las estrellas; allí encontraré sueños, presagios y el vínculo inquebrantable con lo eterno.

Reflexión. La libertad reside en hallar paz interior y conexión con lo eterno, permaneciendo inalterables frente a las circunstancias externas.

113

Incluso estando preparado, el verdadero filósofo no debe conformarse con eso; debe recordar que ha sido enviado como mensajero de lo superior, destinado a mostrar a los hombres que están equivocados en cuanto a lo que consideran bienes y males, pues buscan la esencia de ambos donde no está y no perciben dónde realmente reside. Como Diógenes, llevado ante Filipo tras la batalla de Queronea, el filósofo debe saberse un observador. Porque, en esencia, es un testigo de aquello que beneficia o perjudica al ser humano. Y, tras haber examinado todo cuidadosamente, debe anunciar la verdad sin dejarse vencer por el miedo, señalando como enemigos solo a quienes realmente lo son, sin dejarse engañar ni turbar por las apariencias.

Reflexión. La misión del virtuoso es señalar el verdadero bien, guiando con firmeza y serenidad, sin sucumbir al miedo ni a las apariencias.

114

¿Cómo puede alguien vivir en serenidad sin tener nada: sin abrigo, sin hogar, sin posesiones, sin servidores ni patria? Observa, pues: la Vida misma te ha enviado a quien demuestra con sus actos que esto es posible. Mírame a mí: sin casa, sin patria, sin riquezas, sin sirvientes; mi lecho es el suelo, y mi techo, el cielo; no tengo esposa ni hijos, y apenas poseo un manto desgastado. ¿Y qué me falta? ¿Acaso no vivo sin angustias ni temores? ¿No soy libre? ¿Cuándo me habéis visto lamentarme por no obtener lo que deseo, o por encontrarme con aquello que rechazo? ¿Cuándo he censurado a la

Vida o a los hombres? ¿Alguno de vosotros me ha visto con un semblante sombrío? A quienes teméis y veneráis, ¿no los trato yo como a servidores? ¿Quién, al mirarme, no siente que está ante un verdadero maestro y soberano?

Reflexión. La vida del virtuoso es un ejemplo de serenidad, libertad e independencia. Su calma y resistencia frente a las carencias inspiran a quienes observan su fortaleza interior.

115

Dedícate con mayor empeño a la reflexión: conócete a ti mismo, busca consejo en lo profundo de tu ser; sin esa guía interior, no emprendas nada.

Reflexión. Conocerse a uno mismo y escuchar la propia voz interior es esencial; sin esa guía, cualquier camino elegido carecerá de dirección y propósito.

116

«¿Y el matrimonio y los hijos deben considerarse especialmente por quien sigue la vida filosófica?», preguntó el joven. Epicteto respondió: «Si me das una ciudad de sabios, quizá nadie necesitaría optar por una vida así, pues ¿qué motivo tendría en un entorno de tal virtud? Sin embargo, si alguien decidiera hacerlo, nada le impediría casarse ni tener hijos, ya que tanto su pareja como sus hijos compartirían su sentido de virtud y propósito. Pero, en la situación convulsa actual, como en un ejército en plena batalla, ¿no es esencial que quien sigue la filosofía esté libre de distracciones, dedicado por completo al servicio de lo superior? De este modo, podría relacionarse con los demás sin quedar atado a compromisos personales, ni implicarse en relaciones que, si llegara a romper, pondrían en riesgo su carácter de persona íntegra y honrada; o que, si mantuviera con excesivo apego, le harían perder su función como mensajero, vigía y heraldo de los principios más elevados».

Reflexión. Los vínculos amorosos y familiares pueden coexistir con un compromiso filosófico profundo si la virtud se mantiene como guía fundamental en cada relación.

117

Pregúntame, si quieres, si el filósofo debe participar en la administración del Estado. ¡Oh, insensato! ¿Acaso buscas una labor más noble que aquella en la que ya se encuentra? ¿Te preguntas si debería hablar en la asamblea ateniense sobre ingresos y suministros, cuando su misión es dialogar con todos los hombres, ya sean atenienses, corintios o romanos, no sobre recursos o política, ni sobre paz o guerra, sino sobre la Felicidad y la Desdicha, la Prosperidad y la Adversidad, la Esclavitud y la Libertad?

¿Dudas de si quien está comprometido con una misión tan elevada debería, además, involucrarse en la administración política? Pregúntame si debería gobernar, y nuevamente te diré: ¿qué autoridad podría ser mayor que la que ya ejerce sobre estos temas esenciales?

Reflexión. La labor del filósofo es orientar a las personas sobre lo esencial: felicidad, libertad y virtud, trascendiendo las ocupaciones políticas convencionales.

118

Un filósofo también necesita cierta disposición física. Si luce enfermo, delgado y pálido, su testimonio pierde autoridad. No solo debe demostrar a los no instruidos que es posible ser una buena persona sin depender de lo que comúnmente se admira, mostrando no solo el valor de su alma, sino también, a través de su cuerpo, que una vida sencilla, frugal y al aire libre no le causa perjuicio alguno. Debe poder decir: «Miren, yo soy la prueba de ello, tanto en mi espíritu como en mi cuerpo». Así lo hacía Diógenes, quien, con su apariencia fresca y vigorosa, atraía todas las miradas. Un filósofo que inspire lástima, será visto como un mendigo y todos se apartarán de él, incluso con cierto desdén. Tampoco debe lucir descuidado, pues eso también lo alejaría de la gente; por el contrario, su sobriedad debería ser limpia y digna, inspirando respeto en lugar de rechazo.

Reflexión. Tanto en su apariencia como en su conducta, el filósofo debe proyectar equilibrio entre la sobriedad y el respeto.

119

Observa cómo funciona esto: reyes y tiranos, aunque sean injustos, cuentan con guardias y armas que les otorgan el poder de reprender y castigar. Sin embargo, el verdadero filósofo obtiene su autoridad de la conciencia, no de la fuerza. Sabe que ha velado por el bien de los hombres y se ha esforzado por ellos; que se ha acostado en paz y el sueño lo ha dejado aún más purificado; que sus pensamientos son los de un amigo leal a lo más elevado, un servidor que participa en la armonía del orden universal, y que tiene siempre presentes estas palabras:

«Condúceme, oh fuerza suprema, conforme a tu voluntad».

Y también:

«Si esta es la voluntad suprema, que así sea».

Entonces, ¿por qué no habría de atreverse a hablar con sinceridad a sus hermanos, a sus hijos y, en verdad, a todos aquellos que comparten su misma esencia?

Reflexión. La verdadera autoridad emana de una conciencia serena, fortalecida al vivir conforme a principios elevados, permitiendo actuar con sinceridad y valentía en cada circunstancia.

120

¿Acaso un verdadero filósofo solicita que la gente venga a escucharlo? ¿No será que, al igual que el sol irradia calor o el alimento nutre al que lo consume, él también atrae a quienes pueden beneficiarse de su enseñanza? ¿Qué médico solicita que alguien acuda a él para sanarse? (Aunque he oído que, en estos tiempos, en Roma, los médicos buscan pacientes; en mis tiempos, eran los pacientes quienes acudían a ellos). ¿Acaso voy a pedirte que vengas a escuchar lo mal que te encuentras, que aquello que merece tu mayor atención es precisamente lo último en recibirla; que no distingues lo bueno de lo malo y, en suma, que eres un desdichado? ¡Curiosa forma de solicitar algo! Y, sin embargo, si las palabras del filósofo no provocan tales efectos, entonces, tanto el discurso como quien lo pronuncia están vacíos.

Reflexión. El verdadero conocimiento atrae naturalmente a quienes lo necesitan. El filósofo auténtico no busca seguidores, sino inspirar reflexión y transformación genuina en quienes lo escuchan.

121

La escuela de un filósofo es como un hospital: no es un lugar para salir complacidos, sino tal vez con un dolor renovador, porque nadie llega allí verdaderamente sano. Cada persona lleva su propia dolencia: un hombro dislocado, un absceso, una herida profunda, un dolor persistente. ¿Debería entonces limitarme a ofrecer palabras hermosas y vacías para que me aplaudan, dejando que se vayan sin haber sanado sus hombros, ni sus mentes, ni sus heridas, ni sus abscesos? ¿Es acaso para esto que los jóvenes dejan sus hogares, abandonan a sus padres, amigos, raíces y bienes, solo para pronunciar un «¡bravo!» ante palabras que halagan pero no sanan?

Reflexión. El aprendizaje verdadero confronta y sana, guiándonos hacia lo que debemos corregir. La enseñanza genuina no busca reconocimiento, sino una transformación profunda y duradera.

122

Si alguien se siente desdichado, que recuerde que su desdicha proviene de su propia actitud. La Naturaleza creó a todos los seres humanos para vivir en paz y armonía consigo mismos.

Reflexión. El bienestar y la armonía son el estado natural del ser humano; la dicha es, en última instancia, una responsabilidad personal.

123

¿Seremos algún día capaces de liberarnos de nuestras ataduras y recordar lo que nos enseñaron los filósofos, o acaso escuchábamos sus palabras como el murmullo de simples charlatanes? Ellos nos recordaron que el mundo es como una gran ciudad, construida a partir de una sola esencia, en la que todo forma parte de un ciclo: unas cosas ceden el paso a otras, unas se desvanecen para que surjan nuevas, algunas permanecen y otras se transforman. En este vasto universo, todo está lleno de seres afines: primero, todos conectados con el principio superior que rige la naturaleza, y luego entre los seres humanos, unidos también entre sí por lazos profundos y naturales.

Reflexión. El verdadero entendimiento consiste en reconocer nuestra conexión con el todo, liberarnos de las ilusiones y comprender nuestro lugar en el orden natural de la vida.

124

Él, que en su vida se casó y tuvo hijos, los dejó sin lamentos ni pesar, no como quien abandona a otros desamparados. Sabía que nadie está realmente solo, pues hay algo que vela por todos, siempre y en todo momento. No contemplaba ese principio superior como una simple idea, sino como una realidad viva que guiaba cada una de sus acciones. Con esa presencia constante en su interior, vivió con fidelidad a sus principios. Por eso, dondequiera que estuviera, hallaba paz y serenidad.

Reflexión. Confiar en un principio que otorga sentido y estabilidad permite liberarse del apego a lo externo, hallando paz y serenidad en cualquier circunstancia.

125

¿No te das cuenta de que la vida misma es una batalla? Cada persona tiene su deber: uno hacer guardia, otro explorar el terreno, y otro enfrentarse en combate. No todos pueden estar en el mismo lugar, ni sería conveniente. Pero tú, en vez de cumplir con las órdenes de tu superior, te quejas cuando te encomiendan algo más arduo, sin darte cuenta de cómo afecta a la fortaleza y el propósito común de todo el grupo. Si todos siguieran tu ejemplo, nadie cavaría trincheras, construiría defensas, haría guardias o asumiría riesgos; todos se volverían inútiles para la causa.

Así ocurre también en la vida. Cada existencia es un combate largo y diverso. Cumple con tu deber de soldado y obedece las órdenes a la señal de tu guía; incluso, si es posible, intenta anticipar su voluntad. Porque entre la voluntad del gran Comandante y la tuya, no hay comparación, ni en poder ni en nobleza.

Reflexión. La vida es como una batalla en la que cada uno cumple con un rol esencial. Cumple el tuyo con disciplina, siempre subordinado a un propósito más elevado.

126

¿Lo has olvidado de nuevo? ¿No sabes que una persona íntegra no actúa por apariencias, sino por el valor de haber hecho lo correcto?

«¿Y no hay recompensa entonces?».

¡Recompensa! ¿Acaso una persona virtuosa necesita una recompensa mayor que el haber obrado con justicia y rectitud? En los Juegos Olímpicos nadie busca más que eso, y allí la corona del vencedor es suficiente. ¿Te parece tan pequeño e insignificante ser una persona honrada y buena, y encontrar en ello la verdadera felicidad?

Reflexión. Para una persona íntegra, la auténtica recompensa reside en la satisfacción de haber actuado correctamente.

127

No debes permitir que nadie sea la causa de tu desdicha; al contrario, deberías hallar dicha en todos y, especialmente, en la esencia suprema que nos creó para ese propósito.

Reflexión. La dicha se encuentra en todo y en todos. No permitas que personas o circunstancias perturben la paz interior que forma parte de nuestra verdadera naturaleza.

128

¡Cómo! ¿Acaso no amaba Diógenes a los hombres? Él, tan afable y leal amigo de la humanidad, que soportaba con alegría las mayores privaciones físicas en beneficio del bien común. Pero, ¿de qué manera los amaba? Como corresponde a un servidor de lo superior: cuidando de los demás mientras permanecía fiel y en armonía con ese principio supremo.

Reflexión. El amor hacia los demás implica una entrega desinteresada y firme, aceptando las dificultades con humildad y sentido de propósito.

129

Por naturaleza, he sido creado para alcanzar mi propio bien, no para hundirme en mis propios males.

Reflexión. Nuestra naturaleza nos orienta hacia el bien, el crecimiento y la realización plena de nuestro ser.

130

Recuérdate siempre que a quien amas es mortal, que nada te pertenece; que todo lo que aprecias se te ha concedido solo por un tiempo, pero no de forma irrevocable ni para siempre, como un higo o un racimo de uvas en su estación.

[...]

«Pero eso suena sombrío», podrías decir. ¿Llamas sombrío a algo que simplemente refleja el curso natural de la vida? Si algo debe considerarse sombrío, es la cobardía, el apego desmedido, la mezquindad de espíritu, el lamento y el duelo excesivo. No llamemos sombrío a lo que describe un ciclo natural; sería como decir que la cosecha es un mal augurio porque implica cortar las espigas, o que la caída de las hojas o el higo madurando en fruto seco o la uva transformándose en pasa, son malos presagios. Todo esto no es destrucción, sino transiciones necesarias, una administración natural y con propósito.

Dejar el hogar es solo un pequeño cambio. Y la muerte, un cambio mayor, no de lo que eres ahora hacia la nada, sino hacia lo que aún no has llegado a ser.

¿Entonces ya no seré yo?

No; no serás tú, sino que serás otra cosa que ahora necesite el universo. Porque no naciste en el momento que elegiste, sino en el instante en que el cosmos requería tu presencia.

Reflexión. La genuina comprensión de la vida implica aceptar la transitoriedad de todo, percibiendo cada cambio, incluida la muerte, como parte natural y necesaria del ciclo universal.

131

Por eso, una persona honrada y virtuosa, al recordar quién es, de dónde proviene y para qué propósito fue creada, se dedica únicamente a cumplir su papel con orden y en armonía con lo superior.

«¿Quieres que permanezca aquí?» Lo haré, viviendo como alguien libre y noble, tal como deseaste, pues me hiciste libre de obstáculos en aquello que realmente me corresponde. «¿Ya no necesitas de mí?» Que así sea, para bien. Hasta ahora he permanecido por ti y por ningún otro; y ahora, en obediencia a tu voluntad, me retiro.

«¿Y cómo te marchas?» De la misma manera que tú dispusiste: como alguien libre, como tu servidor, y como quien mantiene el oído atento tanto a tus mandatos como a tus silencios.

Reflexión. El sentido de propósito emerge al vivir en armonía con lo superior, cumpliendo nuestro papel con integridad y aceptando cada cambio como parte del orden con gratitud.

132

Cualquier lugar o posición que me asignes, tal como dijo Sócrates, preferiré enfrentar mil muertes antes que abandonarlo. ¿Dónde deseas que esté? ¿En Roma, en Atenas, en Tebas o en una isla desierta? Solo te pido que no me olvides allí donde me envíes. Si me asignas un lugar donde no pueda vivir conforme a los principios de la naturaleza humana, me marcharé, pero no por desobediencia, sino como quien recibe tu señal de retirada. No te estaré abandonando, ¡lejos de mí tal pensamiento! Simplemente comprenderé que, en ese momento, ya no tienes necesidad de mí en ese lugar.

Reflexión. Dedicarse a un propósito elevado requiere aceptar con serenidad el lugar y las circunstancias asignadas, cumpliendo nuestro deber con integridad hasta que el propósito se complete.

133

Si estás en Giaros, no permitas que tu mente se desvíe hacia la vida en Roma, hacia los placeres que allí tenías o hacia lo que podrías encontrar al regresar.

Concéntrate, en cambio, en cómo alguien que vive en Giaros puede hacerlo con dignidad y fortaleza. Y si estás en Roma, no te dejes atrapar por los pasatiempos de Atenas; vive con plenitud allí donde estés. Finalmente, sustituye todas las distracciones por una única satisfacción: la de saber que, con plena consciencia, obedeces a un orden supremo.

Reflexión. La paz y la satisfacción nacen al aceptar plenamente el presente y vivir en armonía con principios elevados que guían nuestras acciones.

134

Para una persona virtuosa, el mal no existe, ni en la vida ni en la muerte. «¿Y si un día el universo no me provee alimento? ¿Qué significa eso?». Significa que, como un buen estratega, el universo me ha dado la señal de retirada. Y yo obedezco, le sigo, agradeciendo y elogiando al que me guía. Porque vine a este mundo cuando lo consideró adecuado, y del mismo modo me marcho cuando lo disponga. Y mientras viví, esta fue mi misión: cantar alabanzas y rendir tributo a la Fuente de todo.

Reflexión. La virtud convierte cada experiencia en una oportunidad para actuar con dignidad. Lo que sucede no es un mal, sino una guía para alinearnos con el orden natural y vivir con gratitud.

135

La raíz de todos los males, de la vileza y la cobardía en el ser humano, no es la muerte, sino el miedo a la muerte. Ejercita, pues, tu espíritu para superar este miedo; dirige hacia ello todas tus reflexiones, tus prácticas y tus lecturas. Solo así comprenderás que en esta superación reside la verdadera libertad del ser humano.

Reflexión. Superar el miedo a la muerte nos libera, permitiéndonos vivir con valentía y serenidad, y entender la verdadera libertad de nuestro ser.

136

Es verdaderamente libre quien vive en plena armonía con su auténtica libertad; alguien a quien nadie puede hacer daño, limitar o someter, y cuyos impulsos fluyen sin trabas, sin frustraciones en sus deseos ni tropiezos en sus rechazos. ¿Quién, entonces, querría vivir en el error? Nadie. ¿Quién querría vivir engañado, arrastrado por las circunstancias, siendo injusto, descontrolado o lamentándose de su suerte? Nadie. Por lo tanto, el hombre malvado no vive conforme a lo que realmente desea y, en consecuencia, tampoco es verdaderamente libre.

Reflexión. La libertad no depende de las restricciones externas, sino de actuar conforme a nuestra esencia, evitando el autoengaño y controlando los impulsos injustos o desordenados.

137

Así actúan los viajeros prudentes. Cuando escuchan que el camino está lleno de ladrones, no se atreven a emprender solos el viaje; esperan la compañía de un embajador, un cuestor o un procónsul y, junto a ellos, avanzan seguros. De igual manera procede el sabio en el mundo. Muchos son los peligros de la vida: robos, tiranos, tempestades y pérdidas de todo cuanto el ser humano considera valioso. ¿Dónde encontrar refugio? ¿Cómo recorrer el camino sin ser atacado? ¿Qué compañía podría garantizar su seguridad? ¿Tal vez la de un hombre rico o de elevado rango? Pero, ¿de qué servirá, si él también puede ser despojado y caer en lamentos? ¿Y si ese compañero de viaje se volviera contra mí?

Quizá piense: «¡Seré amigo de César! y a su lado nadie me dañará». Pero, ¿cuántas humillaciones tendría que soportar para ganarme su favor? ¿Y cuántas manos codiciosas encontraría en el camino, dispuestas a despojarme? Incluso si lograra mi propósito, César también es un mortal. ¿Y si él, en algún momento, se vuelve contra mí? ¿Dónde encontrar refugio entonces? ¿En el desierto? Pero allí ¿quién podría librarme de la enfermedad?

Así reflexiona el sabio y concluye que, para caminar con verdadera seguridad, debe unir su viaje a algo superior y eterno, algo en lo que pueda confiar plenamente para avanzar a lo largo del camino con serenidad.

Reflexión. La seguridad en la vida no está en apoyos externos, sino en principios internos sólidos que nos orientan y permanecen constantes.

138

«¿Qué entiendes por "unirse a lo divino"?»

Significa alinearse con la voluntad de esa fuerza superior: querer lo que ella quiere y no desear aquello que no desea.

«¿Y cómo puede lograrse eso?»

Reflexionando profundamente sobre los designios de lo divino y comprendiendo el orden que rige en el universo.

Reflexión. Unirse a lo superior significa alinear nuestras decisiones con el orden natural, aceptando su curso y actuando en armonía con lo que nos corresponde.

139

Habiéndolo recibido todo de otro, incluso tu propia existencia, ¿te enfadas y reprochas al dador si decide reclamar algo de lo que te concedió? Reflexiona: ¿quién eres y para qué has venido? ¿No fue Él quien te trajo aquí, quien te mostró la luz, te dio compañeros, sentidos y razón? ¿Con qué propósito llegaste a este mundo? ¿No fue como mortal, para habitar este cuerpo por un breve tiempo, contemplar su orden y acompañarle en este gran festival de la existencia?

Entonces, mientras se te permita, contempla la fiesta y la feria de la vida. Y cuando llegue el momento de partir, ¿por qué no adelantarte, inclinarte con gratitud y honrar al dador por lo que viste y viviste?

Pero en vez de eso, quizás dices: «Quisiera quedarme un poco más». Ah, como los iniciados en los misterios desearían prolongar los ritos, o el público en Olimpia querría ver más atletas. Pero todo festival tiene un final. Sal y despídete con gratitud y reverencia, dejando espacio para otros. Pues, así como tú llegaste, otros deben nacer y encontrar en esta tierra su lugar y sustento.

Reflexión. Aceptemos la fugacidad de la vida con gratitud, viéndola como una oportunidad para observar y contribuir al orden que nos rodea.

140

¿Por qué te muestras insaciable? ¿Por qué esta insatisfacción que perturba al mundo? «Sí, pero desearía tener junto a mí a mi esposa y a mis hijos». ¿Acaso son tuyos y no de Aquel que te los dio, quien también te creó? ¿No renunciarás a lo que no te pertenece? ¿No devolverás con gratitud lo que es de alguien mayor?

«Entonces, ¿por qué me trajo al mundo bajo estas condiciones?» Si no te satisface, retírate. Él no necesita espectadores que se quejen de su destino, sino participantes de la Fiesta: aquellos que alzan su voz en el coro, intensifican los aplausos, inspirados en lo supremo, y entonan cánticos de gratitud en la celebración. No echará de menos a quienes no soportan el esfuerzo ni a los temerosos, pues su presencia no es la de quienes disfrutan la Fiesta, ni cumplen su propósito. Se lamentan como si padecieran, critican su suerte, su destino y a sus compañeros, insensibles a lo que la vida les ha concedido.

Se olvidan de los dones otorgados con un propósito mayor: la grandeza de espíritu, la nobleza de corazón, la fortaleza y la libertad.

Reflexión. La gratitud consiste en aceptar la vida como un regalo pasajero, participando con respeto y sin quejas en el transcurso de nuestra existencia.

141

«Entonces ¿eres realmente libre?», alguien podría preguntar.

Que el cielo me ayude, ¡anhelo y ruego por la libertad! Pero aún temo enfrentarme con firmeza a quienes me dominan; todavía doy importancia a este frágil cuerpo y a su conservación entera y saludable. Sin embargo, puedo mostrarte a un hombre verdaderamente libre, para que dejes de buscar un modelo: ese hombre fue Diógenes.

¿Por qué era libre? No porque fuera hijo de personas libres, ya que no lo era, sino porque él mismo se había hecho libre. Había roto todos los lazos que pudieran atarlo a la esclavitud; no existía forma alguna de someterlo. Para él, todo podía soltarse; nada lo retenía con fuerza. Si le quitaban sus pertenencias, las habría dejado sin pensarlo antes que seguirlas; si le quitaban una pierna, la habría entregado; incluso si le quitaran el cuerpo entero, lo habría soltado sin resistencia. Y así sucedía también con sus parientes, sus amigos y su tierra natal: los valoraba, pero no dependía de ellos.

Sabía perfectamente de dónde, por qué y bajo qué condiciones lo había recibido todo. Su verdadera herencia estaba en los principios superiores, y su verdadera patria en lo eterno Jamás los habría abandonado, ni habría permitido que nadie lo superarara en obediencia y devoción hacia ellos. No habría muerto por otra causa que no fuera en su honor.

Diógenes no actuaba buscando cumplir con algo superficial; mantenía en su corazón la certeza de que todo lo que acontece proviene de esa fuente, sucede para ella y es dictado por quien gobierna el universo.

Reflexión. La libertad surge al liberarnos de la dependencia externa, entendiendo que todo es temporal y que nuestra lealtad debe estar en los principios que guían nuestra vida.

142

Profundiza en estos principios, reflexiona sobre estos razonamientos y observa estos ejemplos si realmente aspiras a la verdadera libertad y deseas valorarla en toda su grandeza ¿Por qué asombrarse si algo tan sublime demanda un precio alto y exigente? Por una libertad ilusoria, algunos llegan a ahorcarse, otros a lanzarse desde precipicios, y en ocasiones, ciudades enteras han perecido en su nombre.

¿Y tú, acaso no estás dispuesto a renunciar, por una libertad genuina e invulnerable, a aquello que te ha sido dado cuando la vida te lo reclame? ¿No te prepararás, como dice Platón, no solo a enfrentar la muerte, sino también a soportar el tormento, el exilio, los golpes y, en definitiva, a renunciar a todo lo que no es tuyo por naturaleza? De otro modo, seguirás siendo un esclavo entre esclavos, aunque fueras nombrado cónsul mil veces o caminaras por los salones de un palacio.

Así comprenderás, como dijo Cleantes, que aunque las palabras de los filósofos desafíen la opinión común, encierran en sí la verdad.

Reflexión. La verdadera libertad requiere soltar aquello que no nos pertenece esencialmente. Sin ese desapego, incluso con éxitos externos, seguimos siendo prisioneros de nuestras limitaciones.

143

Al preguntarle cómo podría un hombre causar el mayor pesar a su adversario, Epicteto respondió: «Viviendo él mismo con la mayor nobleza y virtud posibles».

Reflexión. El verdadero triunfo sobre un adversario consiste en fortalecer nuestra virtud y enfocarnos en el crecimiento personal.

144

Soy libre, amigo de lo eterno, dispuesto a obedecerlo con sinceridad. No tengo necesidad de reclamar nada externo: ni el cuerpo, ni las posesiones, ni los cargos, ni la fama; en resumen, nada que sea ajeno a mi verdadero ser. Pues aquello superior que me guía tampoco quiere que deposite mi valor en esas cosas. Si lo hubiera deseado, las habría hecho esenciales para mí. Pero al no haberlo hecho, no debo ignorar sus designios.

Aférrate a lo que es tu verdadero bien y, en lo demás, sujétate únicamente a la medida que la razón te dicte, hallando satisfacción solo en lo esencial. De lo contrario, enfrentarás fracasos, tropiezos y obstáculos. Estas son las leyes que se nos han otorgado, los mandatos que debemos interpretar y seguir; y a ellas debemos obedecer, no a las leyes mundanas

Reflexión. La libertad auténtica está en no depender de lo externo. Al centrarnos en lo esencial y seguir la razón, hallamos satisfacción y armonía con el curso de la vida.

145

Recuerda que no solo el deseo de poder y riquezas nos hace vulnerables, sino también el ansia de calma, ocio, viajes y conocimiento, o cualquier otra cosa externa a nosotros que valoremos en exceso. Pues, ¿qué diferencia hay entre desear ocupar un cargo y desear no hacerlo? ¿Entre sentirnos atrapados por nuestras responsabilidades o lamentarnos por la falta de tiempo para leer? Tanto los cargos como los libros son externos y no dependen de nuestra voluntad interna.

¿Para qué lees, entonces? Si es solo por entretenimiento o por acumular conocimiento, no es más que una distracción superficial. Pero, si tu propósito es encontrar serenidad, entonces ese es el verdadero objetivo. Y si la lectura no te da serenidad, ¿para qué sirve? «Pero sí, la lectura me aporta paz, y por eso me duele cuando no puedo leer». ¿Y qué clase de serenidad es aquella que puede ser perturbada por cualquier cosa, no solo por la intervención de personas poderosas, sino por un ruido, una fiebre o cualquier otra trivialidad?

La verdadera serenidad no depende de nada externo, es continua y está libre de impedimentos.

Reflexión. La verdadera calma se encuentra en el dominio de nuestra voluntad interior.

146

Si has logrado apartar de ti la malicia y el resentimiento, ya sea por completo o aunque sea en parte. Si has desterrado la impulsividad, las palabras groseras, la negligencia y la pereza. Si ya no reaccionas como antes ante lo que te afectaba o si ahora lo afrontas de otra manera. Si has conseguido todo eso, entonces puedes celebrar un festival diario:

hoy, por haber actuado con rectitud en algo; mañana, por haber progresado en otro aspecto.

¡Qué motivo tan grande para la gratitud! Un acto más profundo y significativo que cualquier honor o cargo terrenal.

Reflexión. Celebrar los pequeños progresos y practicar la gratitud nos recuerdan diariamente nuestro avance hacia una vida mejor.

147

Estas cosas provienen de ti mismo y de lo eterno. Recuerda quién es el que las da, a quién y con qué propósito. Nutriendo tu espíritu con estos pensamientos, ¿importa acaso dónde estés para hallar dicha, o dónde debas estar para cumplir la voluntad suprema? ¿Acaso lo eterno no está presente en todas partes, observando con la misma claridad todo lo que ocurre en cada rincón?

Reflexión. La verdadera satisfacción proviene de vivir conforme a nuestros principios, independientemente de las circunstancias externas.

148

A cada persona, la divinidad le ha concedido el libre albedrío para gobernarse a sí misma. Este principio es la fuente del amor en el hogar, la concordia en la comunidad y la paz entre los pueblos. Despierta en cada individuo gratitud hacia lo superior y una confianza serena ante cualquier circunstancia, al comprender el valor limitado de lo externo y distinguir lo que carece de auténtico significado.

Reflexión. El libre albedrío nos permite gobernarnos con sabiduría. Al valorar lo esencial y aceptar lo fugaz, hallamos paz y gratitud en cualquier circunstancia.

149

Si buscas la Verdad, no tratarás de obtener la victoria a cualquier precio; y cuando encuentres la Verdad, ya no temerás ser derrotado.

Reflexión. Quien se conoce a sí mismo y vive en coherencia con ello no teme ser vencido ni desacreditado.

150

¿Qué tontería es esta? ¿Cómo puedo afirmar que mis principios son correctos si no me conformo con ser quien soy y, en cambio, vivo preocupado por lo que los demás piensan que soy?

Reflexión. No es posible vivir en coherencia ni sostener principios auténticos mientras dependamos de la necesidad de mantener una imagen.

151

¿Puede alguien, mediante la razón y la reflexión, comprender que lo superior creó el mundo y todo lo que existe en él en un estado de armonía perfecta, libre de obstáculos, donde cada parte está destinada al servicio del Todo? Ninguna otra criatura tiene la capacidad de comprender este orden; solo el ser humano, dotado de razón, tiene los recursos para reflexionar tanto sobre su lugar como parte del conjunto como sobre el papel que desempeña y la forma en que cada elemento debe ceder a la armonía universal.

Además, siendo naturalmente noble, magnánimo y libre, el ser humano distingue entre dos ámbitos en su entorno: aquello libre de trabas y sujeto a su voluntad, y aquello limitado, que depende de la voluntad ajena. Lo primero pertenece a su libre albedrío; lo segundo, al ámbito de lo externo. Si sitúa su verdadero bien en lo que es libre de impedimentos y depende de sí mismo, logrará alcanzar la libertad, la serenidad, la felicidad y la invulnerabilidad, además de un espíritu generoso y agradecido hacia lo supremo, sin reproches ni exigencias.

Por el contrario, si deposita su bien en lo externo, en aquello que escapa a su control, estará inevitablemente sujeto a limitaciones y obstáculos, convirtiéndose en esclavo de quienes dominan aquello que teme o anhela. Su espíritu se tornará injusto al sentirse agraviado por lo superior, reclamando siempre más para sí mismo, hasta volverse vil y mezquino, atrapado en una lucha sin fin con lo que no le pertenece.

Reflexión. Distinguir entre lo interno y lo externo es esencial para la libertad y la serenidad, centrando nuestros esfuerzos en lo que depende de nosotros.

152

«¿A quién he de temer entonces? ¿A los guardianes de la estancia, por si me impiden la entrada? Que lo hagan si ven en mí el deseo de entrar». Entonces, ¿por qué te acercaste a la puerta? «Porque considero que, mientras dure la obra, es apropiado participar en ella».

¿Y cómo es que no te cierran el paso? «Porque, si no se me permite entrar, no deseo entrar. Mi voluntad es, en realidad, que suceda lo que debe suceder. Pues estimo la voluntad de lo supremo por encima de la mía propia. A ella me entrego como servidor y acompañante, compartiendo sus impulsos y sus deseos; en resumen, alineando mi voluntad con la suya. De este modo, el impedimento no es para mí, sino para quienes intentan forzar la entrada».

Reflexión. El sabio no se ve afectado por las circunstancias externas, pues su voluntad está alineada con el curso natural de los acontecimientos.

153

¿Qué dice Sócrates? «Algunos hallan su gozo en mejorar sus tierras, otros en perfeccionar sus caballos; yo encuentro mi mayor placer en mejorarme a mí mismo cada día».

Reflexión. La satisfacción y propósito personal provienen del desarrollo interior.

154

Uno adapta su vestimenta al oficio, pero el artesano se define por su habilidad, no por su atuendo. Por eso Éufrates acertó al decir:

> Durante mucho tiempo intenté ocultar que seguía el camino filosófico, y eso me benefició profundamente. Primero, porque sabía que lo que hacía bien, lo hacía por mí mismo, no para los demás: por mí mismo me alimentaba de forma adecuada, mantenía una mirada serena y un andar equilibrado. Todo lo hacía por mí y por lo más elevado.

Además, como trabajaba en mi interioridad en soledad, también los riesgos recaían solo sobre mí. Si erraba o cometía algún acto vergonzoso, no ponía en peligro la causa de la filosofía ni dañaba al mundo actuando como alguien que proclamaba ser filósofo. Por eso, quienes no conocían mi propósito se sorprendían de cómo, a pesar de convivir plenamente con filósofos, no era considerado uno de ellos.

Y, ¿qué perjuicio hay en que un filósofo sea conocido por sus actos en lugar de por meras señales o símbolos externos?

Reflexión. La virtud no se demuestra con apariencias, sino con acciones. Lo esencial está en cultivar el interior y permitir que los actos expresen el verdadero carácter.

155

Practica en silencio y dedica tiempo a reflexionar en soledad. Así surge el fruto: primero la semilla, para alcanzar su madurez, debe permanecer enterrada, oculta, creciendo lentamente. Si la espiga aparece antes de que el tallo haya crecido, el fruto no llega a buen término, como esas plantas efímeras del jardín de Adonis. No seas como ellas, que florecen demasiado pronto solo para marchitarse al primer frío del invierno.

Reflexión. El crecimiento interior se alcanza cultivando virtudes y conocimientos con paciencia y discreción.

156

Primero, reconoce y reflexiona sobre la vida que llevas ahora; pero, una vez que lo hayas hecho, no te desesperes. No actúes como los de espíritu débil que, tras rendirse, se abandonan y son arrastrados por la corriente del desaliento. Aprende, en cambio, de los entrenadores: si su pupilo cae, le dicen: «Levántate y lucha de nuevo hasta que te fortalezcas». Ten ese mismo espíritu.

Recuerda que nada es más dócil y maleable que nuestro interior: basta con que lo desees sinceramente, y el cambio se produce, encontrando el camino correcto. Pero también, si se adormece, se pierde todo. Pues tanto la ruina como la recuperación nacen únicamente de nuestra propia voluntad.

Reflexión. Caer y levantarse depende de la voluntad. La actitud ante los desafíos determina si se elige la recuperación o la autodestrucción.

157

En los momentos de adversidad se revela la verdadera esencia de cada persona. Así que, cuando enfrentes una crisis, recuerda que lo supremo, como un entrenador de luchadores, ha dispuesto para ti un adversario fuerte y desafiante. «¿Para qué?», te preguntarás. Para que, al vencer en esta gran prueba, demuestres tu fortaleza interior. Pero recuerda, ¡sin esfuerzo ni sudor, esa victoria jamás se alcanza!

Reflexión. La dificultad y el esfuerzo fortalecen el carácter. Superar una crisis permite crecer y consolidar la capacidad de enfrentar futuros obstáculos con determinación.

158

Si deseas progresar, acepta que te juzguen como estúpido o necio por las cosas externas. No busques aparentar sabiduría; y si llegas a parecer sabio ante algunos, desconfía de ti mismo.

Reflexión. Para avanzar realmente en el camino del autoconocimiento y la sabiduría, es necesario renunciar a la búsqueda de aprobación externa.

159

Recuerda que en la vida debes comportarte como en un banquete. ¿Un plato llega hasta ti? Extiende la mano y sírvete con moderación. ¿Pasa de largo? No intentes retenerlo. ¿Aún no llega? No proyectes tu deseo hacia él; espera pacientemente hasta que el plato esté a tu alcance. Procede de este modo con las amistades, el amor, los cargos y las riquezas, y un día serás digno de compartir la mesa con los dioses.

Y si solo tomas lo que se te ofrece, satisfecho con lo esencial y libre de envidia, entonces no solo serás su invitado, sino su igual, y reinarás junto a ellos.

Reflexión. La gratitud y la moderación conducen a una vida más serena y feliz, haciendo posible una existencia plena y con sentido.

160

Recuerda que eres un actor en una obra, y que interpretas el papel que el Autor ha escogido para ti, ya sea breve o extenso. Si le ha parecido bien asignarte el rol de mendigo, de gobernante o de ciudadano común, tu tarea es representarlo con maestría. Tu responsabilidad es desempeñar bien el papel que te ha sido dado; elegirlo, es prerrogativa de Otro.

Reflexión. Aceptar con gratitud el papel asignado y desempeñarlo con excelencia es actuar con virtud, dejando que el guion lo determine la vida.

161

Recuerda cada día la muerte, el destierro y todo aquello que los hombres juzgan aterrador, especialmente la muerte. De este modo, jamás pensarás de forma mezquina ni desearás nada en exceso.

Reflexión. Recordar la muerte y las dificultades ayuda a moderar los deseos y evita el egoísmo, fomentando una visión equilibrada de los acontecimientos.

162

Así como un blanco no se coloca para errar en el tiro, tampoco existe en el mundo el mal como un fin en sí mismo o carente de propósito.

Reflexión. Todo en el mundo cumple un propósito en el orden natural, aunque su sentido no siempre sea evidente o pueda parecer adverso.

163

Debes entender que el respeto hacia lo superior comienza por tener una visión correcta: reconocer su existencia, su gobierno sabio y justo del universo, y nuestra obligación de honrarlo. Esto implica obedecerlo en todo, aceptar cada circunstancia con disposición voluntaria y confiar plenamente en que todo es obra del Entendimiento más Perfecto. Así, jamás te quejarás de su aparente falta de apoyo ni le reprocharás nada.

Reflexión. Acoger cada experiencia con sinceridad y sin reproches nos permite vivir en armonía con el propósito supremo, sin sentirnos víctimas del destino.

164

No malgastes tiempo construyendo una imagen de tu carácter y conducta, ni para ti mismo ni para los demás. Haz del silencio tu norma, y cuando hables, que sea con propósito, solo lo necesario y en términos precisos. Si la ocasión lo exige, habla de manera mesurada, evitando los temas triviales como espectáculos, juegos, comida y bebida. Y si hablas de personas, no reprendas ni alabes ni hagas comparaciones entre ellas.

Si es posible, orienta la conversación hacia temas elevados y apropiados. Pero si estás rodeado de extraños o de quienes no comparten tus principios, permite que el silencio sea tu compañía.

Reflexión. La moderación y la integridad en pensamientos e interacciones nos apartan de distracciones superficiales, centrando nuestra vida en una reflexión sobria y profunda.

165

La risa debe ser moderada: ni abundante, ni frecuente, ni desmedida.

Reflexión. Un carácter sereno y respetuoso se forja respondiendo con moderación, evitando reacciones triviales o impulsivas ante las circunstancias.

166

Si es posible, evita por completo hacer juramentos. Si no puedes evitarlo, hazlo únicamente cuando sea absolutamente necesario.

Reflexión. Hablar con libertad y juicio prudente refleja integridad en cada palabra y acto.

167

Evita las reuniones con personas ignorantes o alejadas del conocimiento. Pero si tienes que participar en ellas, esfuérzate por no dejarte arrastrar por lo banal. Recuerda que, por muy íntegra que sea una persona, es difícil no verse influido por la compañía de quienes carecen de virtud.

Reflexión. La compañía adecuada es un impulso hacia el autoconocimiento y el crecimiento moral, pues fomenta una reflexión profunda y un desarrollo genuino.

168

Toma solo lo que el cuerpo requiera para sus necesidades básicas: alimento, bebida, vestimenta, refugio y cualquier otro apoyo esencial. Rechaza todo lo que busque la ostentación o el lujo innecesario.

Reflexión. Centrar la atención en lo esencial permite dejar atrás lo superficial y lo innecesario, simplificando la vida con claridad y propósito.

169

Si te dicen que alguien habla mal de ti, no te apresures a defenderte ni a contradecir lo dicho. Más bien responde: «Seguramente desconocía mis otros defectos, pues, de haberlos sabido, no habría mencionado solo estos».

Reflexión. Aceptar imperfecciones y críticas con serenidad facilita el crecimiento, evitando que los juicios ajenos sean percibidos como personales o dañinos.

170

Cuando visites a una persona que ostenta una posición de poder, recuerda que puede que no esté disponible, que quizás no te permitan acceder a ella, o incluso que te cierren la puerta y que tal vez no se preocupe por ti en absoluto. Si, pese a todo, tu deber es ir, acepta con serenidad lo que ocurra, sin decir para tus adentros: «No mereció la pena el esfuerzo». Pensar así es propio de quienes, carentes de sabiduría, se dejan afectar por lo externo.

Reflexión. Aceptar lo que sucede sin dejar que afecte la paz interior es clave para mantener el equilibrio y la fortaleza emocional.

171

En las conversaciones ordinarias, evita relatar en exceso tus logros o los peligros que hayas enfrentado. Pues aunque a ti pueda parecerte grato recordar esas vivencias, no a todos les resultará placentero escucharlas. Evita también provocar la risa fácilmente; es un hábito que suele degenerar en frivolidad y disminuir el respeto que te profesan los demás.

Asimismo, evita temas indecorosos. Si surgen y tienes oportunidad, reprende con tacto a quien los introduce; si no es posible, muestra tu desagrado mediante el silencio, una expresión seria o una actitud reservada.

Reflexión. El autocontrol en las conversaciones y el respeto hacia los demás son esenciales para construir relaciones armoniosas y significativas.

172

Si has decidido que algo debe hacerse, no temas llevarlo a cabo, incluso si otros pueden juzgarlo erróneamente. Si tu acción no es correcta, entonces evita hacerla; pero si es justa, ¿por qué temer una crítica equivocada?

Reflexión. La confianza en la conciencia y el criterio propio permite actuar con integridad, sin temor a las críticas externas.

173

Es propio de un espíritu limitado dedicarse en demasía a los asuntos del cuerpo: pasar horas en ejercicios físicos, en la comida, en la bebida o en cualquier otra función corporal. Más bien, estas cosas deberían ocupar un lugar secundario, reservando toda nuestra atención y cuidado principal para aquello que enriquece la comprensión y eleva el entendimiento.

Reflexión. Las necesidades físicas son importantes, pero deben quedar subordinadas al crecimiento intelectual y espiritual, que define lo esencial de nuestra existencia.

174

Todo asunto tiene dos asas: por una es manejable y por la otra no lo es. Si tu hermano comete una falta contra ti, no te lo tomes por el asa de la injusticia, pues así te resultará insoportable. Tómalo, en cambio, por el asa de que es tu hermano, tu compañero desde la niñez, y de este modo podrás tolerarlo con serenidad y comprensión.

Reflexión. Cada situación ofrece dos enfoques: uno que complica y otro que alivia. Escoge el que fomente la serenidad, especialmente en las relaciones cercanas.

175

No te llames a ti mismo filósofo ni recites grandes máximas ante quienes no las entienden; simplemente, actúa de acuerdo con ellas. Por ejemplo, en un banquete, no discutas cómo se debería comer; simplemente, come como corresponde. Recuerda que Sócrates evitaba toda ostentación y vanidad: cuando los jóvenes le pedían ser recomendados a algún filósofo, él mismo los conducía hasta ellos, aceptando con humildad el pasar desapercibido.

Por eso, si surge la oportunidad de hablar de principios elevados entre quienes no los comprenden, guarda silencio; corres el riesgo de exponer lo que aún no has asimilado. El verdadero progreso llegará cuando alguien te reproche que no sabes nada, y esto no te moleste, pues entonces habrás dado tus primeros pasos reales en el camino de la filosofía.

Reflexión. El valor real de la filosofía está en vivir conforme a sus principios, no en hablar de ella o mostrar conocimientos.

176

Si has conseguido vivir de forma sencilla y a dominar tus necesidades corporales, no te enorgullezcas de ello. Si solo bebes agua, no lo repitas a cada instante. Si deseas ejercitar la disciplina y la resistencia, hazlo en silencio y para ti mismo, no lo hagas para impresionar a los demás ni para exhibir tu devoción. Cuando estés realmente sediento, toma el agua en tu boca, saboréala y luego escúpela, sin decir una palabra a nadie.

Reflexión. La auténtica disciplina se refleja en el compromiso interior, practicando la virtud con humildad y discreción, lejos de la necesidad de reconocimiento externo.

177

Cuando alguien se jacte de comprender e interpretar los escritos de Crisipo, piensa: «Si Crisipo no hubiera escrito de manera tan compleja, esta persona no tendría motivo de vanagloriarse». Pero, ¿qué es lo que yo busco realmente? Conocer la naturaleza de las cosas y vivir en armonía con ella.

Pregunto, entonces, quién es su mejor intérprete, y al saber que es Crisipo, acudo a él. Si no entiendo sus textos, busco a alguien que me los aclare, y hasta aquí todo está bien. Pero una vez hallado el intérprete, solo importa aplicar su enseñanza, que es lo verdaderamente valioso. Pues, si me limita a admirar la explicación, acabaré siendo un comentarista y no un filósofo, sin más mérito que interpretar a Crisipo en lugar de a Homero.

Sería aún más vergonzoso si alguien me pidiera que explique la doctrina de Crisipo y yo no fuera capaz de respaldar mis palabras con actos que estén a la altura de sus enseñanzas.

Reflexión. El propósito de la filosofía es transformar el carácter y las acciones, no acumular conocimientos ni explicarlos a otros.

178

En las fiestas, recuerda que estás atendiendo a dos invitados: el cuerpo y el alma. Lo que ofreces al cuerpo se desvanece al instante; lo que nutre al alma, en cambio, permanece contigo eternamente.

Reflexión. Las necesidades del cuerpo son pasajeras, mientras que las del alma enriquecen nuestra vida de forma duradera. Ambas requieren cuidado, pero en su justa prioridad.

179

En los convites, asegúrate de que el número de sirvientes no sea mayor que el de los comensales.

Es absurdo que una multitud de personas se ocupe de media docena de sillas.

Reflexión. Lo importante no es la formalidad superficial, sino la autenticidad de la conexión y el valor de la experiencia compartida.

180

Es sabio compartir con tus ayudantes no solo el fruto del esfuerzo en la preparación, sino también el gozo del banquete. Si esto te resulta difícil en algún momento, recuerda que tú, que no estás fatigado, eres servido por quienes sí lo están; tú, que comes y bebes, por aquellos que se abstienen; tú, que hablas, por quienes guardan silencio; tú, que disfrutas del descanso, por quienes soportan la carga. Reflexiona sobre esto, y así ninguna ira repentina te arrastrará a reacciones desmedidas, ni te llevará a tratar con dureza a aquellos que te rodean.

Reflexión. La armonía en las relaciones nace del esfuerzo compartido, de la empatía y el agradecimiento mutuo.

181

Cuando Jantipa reprendió a Sócrates por no preparar adecuadamente la casa para recibir a sus amigos, él respondió: «Si son verdaderos amigos, no se fijarán en eso; y si no lo son, no merecen nuestra preocupación».

Reflexión. La calidad de las relaciones humanas no depende de las circunstancias externas, sino de la conexión genuina entre las personas.

182

«¿Quién es verdaderamente rico?» preguntaron, y Epicteto respondió: «Aquel que encuentra satisfacción en lo que ya posee».

Reflexión. La riqueza reside en la capacidad de encontrar satisfacción y gratitud en lo que ya tenemos. Nuestra paz interior es el mayor tesoro.

183

Favorino relata que Epicteto enseñaba que había dos faltas mucho más graves que todas las demás: la incapacidad de soportar y la incapacidad de abstenerse. Es decir, cuando no podemos soportar con paciencia los golpes que la vida nos da y cuando no somos capaces de abstenernos de los placeres y deseos que nos desvían de nuestro propósito.

Si una persona graba estas dos palabras en su corazón y las sigue con atención, y vigila y guía sus actos por sí misma, su vida estará libre de faltas y será serena y tranquila. Las palabras son: «Soportar y abstenerse».

Reflexión. La serenidad nace de aprender a soportar las adversidades con paciencia y abstenerse de placeres que nos desvían.

184

En todo momento, deberíamos tener siempre presentes estas máximas:

«Júpiter y Destino, guiadme adonde vuestros decretos hayan señalado mi lugar. Obedezco con alegría, y si no lo hiciera, malvado y perdido, igual debo obedecer».

«Quien sigue adecuadamente al Destino, es sabio entre los hombres, pues entiende las leyes del cielo».

Y finalmente:

«Critón, si así lo desean los dioses, que así sea. Anito y Melito pueden matarme, pero jamás podrán hacerme daño».

Reflexión. Aceptar el destino con serenidad fortalece el espíritu. La verdadera libertad está en enfrentar las adversidades sin permitir que alteren nuestra esencia.

185

Seremos verdaderos discípulos de Sócrates cuando seamos capaces de entonar himnos de alabanza a los dioses, incluso desde la prisión.

Reflexión. La libertad se alcanza al hallar gratitud y paz, incluso en las situaciones más adversas.

186

Es difícil armonizar dos cualidades aparentemente opuestas: la cautela de quien es consciente de las circunstancias, y la firmeza de quien permanece indiferente ante ellas. Sin embargo, no es imposible; de serlo, la felicidad también sería inalcanzable. Debemos actuar como lo haríamos en la navegación.

¿Qué está en mis manos? Elegir al capitán, la tripulación, el día y el momento de zarpar. Luego, una tormenta repentina se desata. ¿Qué debo hacer? Mi parte ya está cumplida, ahora le corresponde actuar al capitán. Pero si el barco se hunde, ¿qué debo hacer entonces? Lo único que está en mi poder: aceptar mi destino sin miedo, sin gritos, sin reprochar a Dios, consciente de que lo que nace, inevitablemente, debe perecer.

Porque no soy la Eternidad, sino un ser humano, una parte del todo, como una hora es parte del día. Debo llegar como la hora, y como la hora, debo partir.

Reflexión. La auténtica sabiduría está en aceptar lo incontrolable y conservar la serenidad frente a lo inevitable.

187

Y ahora te enviamos a Roma como espía. Pero nadie envía a un espía temeroso, alguien que, al oír el más mínimo ruido o ver una sombra moverse, pierde la compostura y corre a gritar: «¡El enemigo está sobre nosotros!».

De la misma manera, si regresas diciendo: «En Roma todo es aterrador: la muerte es terrible, el exilio es terrible, la calumnia es terrible, la pobreza es terrible. ¡Huid, compañeros, el enemigo está sobre nosotros!», nosotros te responderemos: «Vete y profetiza para ti mismo. Nuestro único error fue haberte enviado como espía».

Antes que tú, Diógenes fue enviado como espía y nos trajo un informe completamente distinto. Nos enseñó que la muerte no es un mal, pues ni siquiera lleva consigo la vergüenza. Nos mostró que la fama no es más que el ruido vacío de los hombres desquiciados. ¿Y qué nos dijo sobre el dolor, el placer y la pobreza? Demostró que llevar un cilicio es más valioso que cualquier túnica de púrpura, que dormir sobre el suelo es el lecho más cómodo.

Y para respaldar cada afirmación, señaló su propio coraje, serenidad, libertad y hasta su cuerpo fuerte y saludable. «No hay enemigo cerca» —exclamó— «¡todo está lleno de paz!».

Reflexión. No debemos temer lo inevitable ni las adversidades de la vida; la actitud ante esos desafíos es lo que realmente importa.

188

Quien posee esta paz, no la que proclama el César (¿cómo podría él proclamarla?), sino la otorgada por la divinidad a través de la razón, ¿no encontrará en ella consuelo cuando, al estar solo, observe y reflexione?:

«Ahora, ya ningún mal puede afectarme; para mí no existe ladrón, ni terremoto; todo está lleno de paz, rebosante de serenidad. No importa el camino, la ciudad, el compañero de viaje, el vecino o el socio, ninguno puede perturbar mi espíritu. Otro, a quien corresponde, me proporciona el alimento; otro me da el vestido; otro me otorgó los sentidos y las percepciones.

Y cuando Él decida dejar de proveerme lo necesario, es que se acerca la retirada; abrirá la puerta y me dirá: "¡Ven!".

¿A dónde? "A ningún lugar que debas temer, sino a aquel de donde procedes, al reino de los elementos que te componen, donde tus seres queridos te aguardan. Lo que en ti es fuego, al fuego regresará; lo que es tierra, a la tierra; lo que es aire, al aire; lo que es agua, al agua. No hay Hades, ni ríos míticos del dolor, ni lamentos ni fuego. Todo está lleno de seres espirituales y divinos"».

Con pensamientos como estos, contemplando el Sol, la Luna y las Estrellas, disfrutando de la tierra y el mar, nadie se siente desvalido ni solo.

Reflexión. La conexión con la naturaleza y el orden universal nos muestra que, pese a nuestras limitaciones, formamos parte de algo mayor que nos paz y serenidad ante cualquier circunstancia.

189

¿Qué desearías estar haciendo cuando te sorprenda la muerte? Yo, lo que me corresponde: alguna acción humana, benéfica, útil para la comunidad, noble. Y si no puedo ser hallado realizando actos tan elevados, al menos espero estar haciendo aquello que nadie puede impedir, lo que realmente está en mis manos: trabajar en lo que se me ha dado, corrigiéndome a mí mismo, perfeccionando mi capacidad para tratar con mayor sabiduría las cosas de los sentidos, cultivando la impasibilidad y viviendo conforme a mi naturaleza. Si soy afortunado, alcanzando también el tercer nivel: la seguridad en mis juicios.

Si la muerte me sorprende en este estado, me bastará con poder extender las manos hacia la divinidad y decir: «No descuidé las facultades que recibí de ti para reconocer tu gobierno y comprenderlo. No te deshonré en lo que dependía de mí. Mira cómo he utilizado los sentidos, observa cómo he manejado las presunciones. ¿Acaso alguna vez te hice reproches? ¿Acaso alguna vez me desagradó algo de lo que sucedió o quise que fuera de otra manera? ¿Acaso transgredí mi condición natural? Te agradezco por haberme engendrado, por lo que me diste, y me siento satisfecho con los dones que recibí de ti. Ahora devuélvelos al lugar que dispongas, porque todo era tuyo, y tú me lo diste».

¿No es suficiente marcharse así? ¿Y qué vida puede ser más justa o más digna que la de quien se despide de esta manera? ¿Qué final más dichoso que el suyo?

Reflexión. La paz interior se encuentra al gestionar nuestra actitud y acciones, sin intentar controlar lo que está fuera de nuestro alcance.

SECCIÓN
III
[FRAGMENTOS]

1

Una vida atrapada por la Fortuna es como un torrente: turbulenta y fangosa, difícil de atravesar, dominada por el capricho, ruidosa y efímera.

2

El alma que se une a la Virtud es como una fuente que fluye incesantemente: un manantial puro, claro y saludable; dulce, abundante y generoso en su caudal, que jamás causa daño ni destruye.

3

Es una vergüenza que quien endulza su bebida con los dones de la abeja, amargue el regalo divino de la Razón con el vicio.

4

Las cornejas saquean los ojos de los muertos, cuando ya no les sirven; los aduladores, en cambio, corrompen el alma de los vivos y nublan su visión.

5

No conserves un cuchillo sin filo ni toleres una lengua indisciplinada.

6

La naturaleza nos ha dado dos oídos y una sola lengua, para que escuchemos el doble de lo que hablamos.

7

No emitas juicio en ningún tribunal hasta haber sido tú mismo juzgado en el tribunal de la Justicia.

8

Es deshonroso para un juez convertirse en objeto de juicio por parte de otros.

9

Concédeme, sin duda, una vida breve pero noble, antes que una larga y carente de verdadero valor.

10

Libertad es el nombre de la virtud; esclavitud, el del vicio... No es esclavo quien actúa libremente.

11

Entre los placeres, los que se experimentan con mayor rareza son los que ofrecen el deleite más profundo.

12

Exceder la medida convierte en menos placentero lo que antes era más deleitoso.

13

La cólera de un simio y la alabanza de un adulador: ambas merecen la misma consideración.

14

Domina tus pasiones para que ellas no se venguen de ti.

15

Ninguna persona es libre si no es dueña de sí misma.

16

Un barco no debería estar fondeado con una sola ancla, ni la vida depender de una única esperanza.

17

Fortalécete con la satisfacción, pues es la fortaleza más impenetrable.

18

Ninguna persona que ame el dinero, el placer o la fama puede amar verdaderamente a sus semejantes; solo quien ama la justicia y la virtud es capaz de un amor genuino.

19

Recuerda a Dios con más frecuencia que la que dedicas a respirar.

20

Elige la vida más noble; con el tiempo, la costumbre la hará no solo soportable, sino también agradable.

21

Renueva tu discurso sobre Dios cada día, con más frecuencia y cuidado que lo que dedicas a tu comida y bebida.

22

Así como el Sol no espera oraciones ni conjuros para salir, sino que brilla con su luz y es bien recibido por todos, tú tampoco aguardes aplausos, gritos o elogios al cumplir con tu deber. Haz el bien por tu propia voluntad, y serás amado como él.

23

Nadie debería creer que es amado por alguien que no sabe amar.

24

Si recuerdas que Dios está siempre presente, observando cada una de tus acciones y pensamientos, tanto del cuerpo como del alma, no errarás ni en tus oraciones ni en tus actos; y Dios habitará contigo.

MEDITACIONES de MARCO AURELIO

Meditaciones de Marco Aurelio es una obra filosófica que reúne las reflexiones personales del emperador romano, un testimonio íntimo de su búsqueda de significado, conocimiento y virtud. Considerada una cumbre de la literatura filosófica, esta obra atemporal nos invita a explorar temas universales que siguen inspirando a generaciones. La nueva edición de la colección Clásicos REM, cuidadosamente editada con notas y comentarios, contextualiza las reflexiones de Marco Aurelio en su época y su relevancia actual, siendo imprescindible para profundizar en el estoicismo y la filosofía de vida de este influyente líder.

Disponible también en formato **e-book.**

Gracias

REM
CLASSICS